Elsa Punset

Alas para volar

DIANA

Elsa Punset

Alas para volar

DIANA

Obra editada en colaboración con Editorial Planeta – España

Bajo el sello editorial DIANA M.R.
Avenida Presidente Masaryk núm. 111,
Piso 2, Polanco V Sección, Miguel Hidalgo
C.P. 11560, Ciudad de México
www.planetadelibros.com.mx

Primera edición impresa en España: septiembre de 2025
ISBN: 978-84-233-6820-4

Primera edición impresa en México: noviembre de 2025
Primera reimpresión en México: febrero de 2026
ISBN: 978-607-39-3582-1

Impreso en los talleres de Litográfica Ingramex, S.A. de C.V.
Centeno núm. 162-1, colonia Granjas Esmeralda, Ciudad de México
Impreso en México – *Printed in Mexico*

A mi madre, Suzel Bannel, por el camino de amor y aprendizaje que hemos recorrido juntas.

A la esperanza, para que nunca me abandone.

A todo lo que está aún por venir.

ÍNDICE

PRÓLOGO

Encontré una cría de gorrión en el umbral de mi puerta. Debió de caer de algún tejado. Tenía apenas una semana de vida. Estaba medio desplumado y paralizado de miedo, quieto en la acera, en medio de una plaza por la que transitan personas, coches y gatos.

Me agaché y lo tomé en mis manos. Me miraba con grandes ojos desconcertados. «¿Qué hago? ¿Adónde voy?», parecían preguntar.

Me recordó a mí.

«Déjalo donde lo encontraste —me aconsejaron—. Ya se las arreglará.»

La mitad de las crías de gorrión sobreviven cuando caen del nido. La otra mitad muere. Si el gorrión hubiese caído en un jardín o en el campo, podría haber sobrevivido. Lo sensato hubiera sido dejarlo allí. Pero en aquella plazoleta de pueblo no tenía ninguna oportunidad.

O sí. ¿Me tenía a mí?

Dicen que un pájaro siempre trae un mensaje. Así que, contra la opinión mayoritaria, decidí escucharlo y acogerlo en casa.

Su llegada alteró de manera inesperada mis recién estrenadas vacaciones. Siempre he sido alegremente optimista. Pero ese verano, algo se había quebrado en mí. Emergía sin ganas de vivir de una relación desequilibrada y dolorosa que me había dejado exhausta. Durante años, me había ido apagando sin apenas darme cuenta, recortando poco a poco mi espacio y mi voz.

Cuando encierras a un gorrión, prefiere morir. A los humanos nos es demasiado fácil resignarnos a un medio vivir.

Fue solo el detonante, pero encendió en mí una búsqueda más profunda. Necesitaba comprender, reparar y rectificar.

Intuí que requería primero un paréntesis largo, un tiempo de paz para recuperarme. Necesitaba hacer cosas sencillas y físicas: bañarme en el mar, caminar por la playa, cocinar y disfrutar de la familia y de los amigos que en los días de verano llenan la casa.

Mi casa es una antigua frutería que anida en el corazón de un pueblo gallego. La compré porque al entrar en ella sentí que «aquí, cabemos todos». Y así fue. En la frutería cabemos todos, incluso un pajarillo desplumado y vulnerable.

Poco podemos hacer a lo largo de nuestras vidas para aliviar el dolor o la soledad de los demás. Cuidar de un gorrión puede parecer poca cosa, pero es una forma humildemente palpable de mostrar respeto por la vida con mayúscula, por el milagro que supone emerger de la nada y sobrevivir.

Ayudar a un ser de tu propia especie es algo natural y fácil. Ayudar a un miembro de otra especie es una experiencia que te transforma, porque te enseña que todos los seres vivos necesitamos lo mismo: comida, cobijo, cariño.

Cuando te vinculas con otro ser en apariencia tan diferente a ti, ganas una familia entera, porque descubres el vínculo profundo que nos une a todos los seres vivos en la Tierra.

En cada gesto, los humanos dejamos un legado de amor o de indiferencia.

Elegí el amor. Así que llevo semanas conviviendo con un gorrión tímido en casa. Me observa fijamente con sus enormes ojos. En las crías de pájaros, como en los bebés humanos, los ojos crecen antes que el cuerpo. Por eso mi gorrión parece todo mirada.

Hemos tenido que empezar de cero para intentar comprendernos.

El tiempo que me ocupa esta pequeña criatura es, objetivamente, insensato. Hago un esfuerzo discreto pero constante para que nadie en casa se dé cuenta de que mi vida se centra en torno a él. Hablo poco del gorrión, como si no existiera, pero me ocupa casi entera.

Tras las primeras veinticuatro horas en casa sin abrir el pico, ya por fin agarra con fuerza la jeringuilla que le tiendo con una mano mientras lo anido en la otra.

No es fácil de imaginar, pero una cría de pájaro requiere cuidados intensos. Siento renovado respeto y admiración por todos los pájaros que crían en el mundo. De entrada, en las primeras semanas de vida, hay que alimentarlo cada hora. Ya no tengo tiempo de apuntarme a excursiones o planes. Salgo corriendo a hacer la compra después de la primera toma del gorrión, sobre las ocho de la mañana. Por las tardes, si la marea lo permite, voy un momento a la playa y encajo un baño en el mar entre las tomas del gorrión.

Su vida parece pender de un hilo, y cada mañana entro en el baño donde duerme sin saber si ha sobrevivido a la noche. Cada mañana es un alivio, una pequeña victoria de la vida sobre la muerte.

A medida que se fortalece, enriquezco su pasta de cría con gusanos secos, yema de huevo cocida y semillas trituradas.

Tengo la extraña sensación de que el gorrión vive porque yo deseo intensamente que lo haga, porque él siente que me importa de verdad. Por si es mi energía la que lo sostiene, no dejo que esta decaiga. Le hablo, le canto, lo alimento. No puedo evitar ni una sola mañana los madrugones, porque los pájaros no pueden retrasar su primera toma después de la larga noche de ayuno, y eso me mantiene en vilo. Casi siempre me despierto antes que él y espero pacientemente en la cocina a que amanezca y me llame piando al otro lado de la puerta del baño.

Si mi madre se entera, me mata.

En la naturaleza, los pájaros viven su vida y nosotros apenas reparamos en ellos más allá de su canto o su vuelo.

Pero cuando una vida depende de tu mirada atenta, todo cambia. En un momento en el que yo había perdido mi brújula, cuidar a este pequeño pájaro frágil y testarudo me ha recordado lecciones esenciales.

El gorrón depende de mí, pero mantiene su distancia. «Estamos juntos en esto», parece decir con la mirada, «pero no somos amigos: somos compañeros en esta jaula».

Y en esa convivencia silenciosa me recuerda lo esencial: debes vivir con todo lo que tienes, aunque nadie crea en ti, aunque te digan que no se puede. Escuchar tu instinto, seguir tu propio camino, no dejar que otros te aparten de lo que llevas escrito dentro.

No se puede vivir con las alas rotas.

Los cuidados del pájaro me han traído una ráfaga de memorias, recuerdos de veinte años atrás, cuando criaba a mis hijos. El pequeño nació con la cara llena de granos, y las personas que se asomaban a su cuna me miraban con cara de pena al levantar la mirada. Igualmente, la falta de plumas del pájaro resulta incómoda a quienes nos visitan. Parece más bien un ratón, y lo miran de reojo desde la puerta del baño sin saber qué decir.

Aun así, aunque nadie lo comprenda, sientes por tus crías un amor feroz. Cuidar del pájaro ha sido volver a esos años en los que te desdibujas y dejas que otro ser dependa completamente de ti, te invada.

Será por agotamiento, pero cuidar de mi pájaro me está ayudando a dejar de compadecerme y soltar las recriminaciones del pasado.

Amar es un regalo. Quiero escribirlo en mayúsculas en todos los espejos de mi casa.

El que lo entiende es mi fiel compañero, mi perro Blai. El verano pasado, Blai tuvo una infección y se quedó sordo. Hemos aprendido a comunicarnos sin palabras, con gestos y caricias, mirándonos a los ojos, siempre pegados el uno al otro. Blai asiste a la crianza del gorrión con absoluta indiferencia y solo protesta si intento dejarlo al otro lado de la puerta del baño cuando le doy al pájaro su comida o sus primeras clases de vuelo.

Así que este verano somos tres: un pájaro desplumado, un perro sordo y yo, una persona agotada, pero con una misión.

He volcado silenciosamente en este pequeño destello de vida emplumada todo mi amor por la vida. He conjurado de nuevo el soplo del optimismo y de la esperanza. He decidido retomar el camino y no ceder al cansancio y a la tristeza.

Y la vida, sigilosa y ligera como un aleteo, poco a poco vuelve a mí.

El gorrión ha caído del nido. Tal vez ha sido el viento, o la altura del nido. Quizá un empujón torpe de sus hermanos, el susto de un depredador o el simple impulso de volar antes de tiempo. Es un revoltijo de plumas, solo en mitad del asfalto.

Lo recojo con cuidado. Me mira sin entender, rodeado de sonidos extraños, lejos de todo lo que conoce. Y pienso en nosotros, los humanos: tampoco elegimos dónde nacemos, ni en qué cuerpo, ni con qué historia. También llegamos al mundo indefensos, con más preguntas que certezas.

Se puede nacer frágil y, aun así, aprender a volar.

SUPERAR LA INFANCIA

> Poco podemos hacer para evitar las decepciones y los desastres de la vida. La primera mitad de la vida, para la mayoría de nosotros, es esencialmente un error gigantesco e inevitable.
>
> James Hollis

Este verano, cuidando al gorrión también cuido, de algún modo, a la niña que fui años atrás.

La que leía escondida en el armario con una linterna —y alguna vez, incluso, con una vela que casi incendia la ropa.

La que plantaba semillas y esperaba paciente a que se transformasen en flores y plantas.

La que salía a buscar a perros abandonados y removía cielo y tierra para que alguien los cuidara.

Cuando vivíamos en Haití, donde la vida latía con ecos de vudú, recogía los pájaros que se estrellaban contra el ventanal de casa y los ponía con cuidado en una caja con vinagre, porque alguien me había dicho que así volverían a la vida.

Y cuando ya no despertaban, secaba las lágrimas y los enterraba bajo el gran mapou del jardín, un árbol sagrado de tronco ancho y raíces profundas, convencida de que allí estarían más cerca del cielo.

Esa niña no era solo frágil.

Tenía un modo propio de observar el mundo, de no rendirse a la tristeza.

En silencio, seguía.

Este verano, observar al pájaro y sentir su soledad y su valentía me ayudan a reconectar con aquella niña. Por fin he sabido agradecerle que me supiera llevar a buen puerto con su mirada seria y esperanzada.

Este verano he revisitado mi niñez.

¿Por qué es en la infancia, en nuestros primeros años, donde se gesta todo?

¿Recuerdas lo que te pasó allí?

Quisiera exponerte la estructura que no se ve, pero que lo sostiene todo.

La infancia es un arma de doble filo. Es el nido imprescindible que nos protege mientras aprendemos las habilidades básicas para hacernos adultos y poder sobrevivir solos.

Los pájaros tardan unas pocas semanas en independizarse, y más de la mitad muere debido a este proceso rápido y brutal de independencia.

Los humanos tardamos años. Necesitamos contar con infancias largas y protegidas para garantizar nuestra supervivencia física.

En este dilatado tiempo de aprendizaje, no todo son ventajas: aunque sobrevivamos físicamente, es fácil que perdamos nuestra esencia en el camino y que dejemos morir al niño que llevamos dentro.

Ese niño nace con una enorme capacidad para el optimismo, la alegría y la creatividad, pero fácilmente acaba su vida de adulto agotado y decepcionado.

Es la consecuencia de cuatro condicionantes ineludibles: un cerebro humano en el que predominan las emociones negativas; el desgaste al que nos exponen, a lo largo de la vida, nuestras experiencias vitales; la presión social en la que vivimos sumergidos, y las historias que nos contamos acerca de nosotros mismos.

Las emociones

Respecto al primer factor, nuestras emociones, son los mimbres con los que tejemos nuestra vida humana, con los que tomamos decisiones y trazamos el camino.

Los pájaros aprenden pronto a desconfiar de los ruidos, de las sombras, de los silencios. También nosotros: la vida nos enseña a protegernos antes que a disfrutar.

Venimos al mundo dotados de serie con algunas emociones básicas y universales, pero esas emociones, que nos llenan enteros y con las que construimos nuestra vida, no son neutras. Vienen sesgadas.

Si las emociones fuesen una paleta de colores, en la nuestra predominarían los colores oscuros: la ira, la tristeza, el miedo y el asco. Con estas emociones defensivas, la naturaleza quiere protegernos, ayudarnos a sobrevivir.

No disponemos de una paleta emocional equilibrada, aunque afortunadamente en una esquina brilla la alegría.

La alegría nos invita a abrirnos al mundo, a vincularnos y confiar en los demás, a explorar, a arriesgarnos y a curiosear.

Desafortunadamente, los muros con los que nuestras exageradas emociones negativas nos quieren proteger de los peligros, reales o inventados, tampoco dejan entrar esa alegría a raudales. Se tiene que colar por grietas y orificios que la constriñen y limitan.

Esta estrategia evolutiva a favor de la negatividad y el miedo, pensada para vidas breves en entornos peligrosos como aquellos en los que vivíamos hace milenios, tiene un alto precio.

No estamos programados para ser felices, generosos o creativos. Estamos programados para sobrevivir.

Si construimos nuestras vidas basándonos en nuestras descompensadas emociones, sin aprender a comprenderlas y gestionarlas, pintaremos un lienzo en el que predominarán las emociones negativas.

Poco a poco, esa oscuridad impedirá que brote vida en nuestro interior y en nuestro entorno. Nos volveremos desconfiados y más rígidos.

Sin alegría, la vida humana se torna defensiva, seca y yerma.

El desgaste de las experiencias vitales

El segundo gran condicionante que pesa sobre nuestra historia es el desgaste de las experiencias vitales.

Es fácil entender por qué la naturaleza nos carga con una mochila tan inclinada hacia la protección: la vida es difícil. Aunque vivamos en entornos menos peligrosos que los del Paleolítico para los que se diseñó nuestro cerebro, la vida inevitablemente requiere un esfuerzo constante de adaptación y de superación.

Un pájaro no escapa de la tormenta, ni del hambre, ni del frío. Tampoco nosotros: nadie cruza la vida sin perder algo. Y cada pérdida, aunque nos haga más fuertes, también va limando la alegría con la que emprendimos el vuelo.

Aunque no te pase nada especialmente malo a lo largo de tu vida, cada uno de nosotros tiene que enfrentarse a condiciones difíciles: la pérdida de la omnipotencia cuando eres niño; los conflictos con los amigos o la familia; la muerte de una mascota; la pérdida de un ser querido como un padre o una abuela; el esfuerzo durante la crianza de tus hijos; el nido vacío cuando estos se van de casa; la pérdida de un trabajo, de poder o de estatus, y, finalmente, la inevitabilidad de enfrentarse a la enfermedad y a la muerte.

La vida es difícil. Los conflictos y las pérdidas, las decepciones y la tristeza son inevitables. No hay vida sin conflicto y sin pena.

Nadie escapa de eso. Son realidades y eventos inevitables en cualquier existencia humana, incluso en las más fáciles.

El desgaste vital llega sin hacerse notar. Antes de darte cuenta, es fácil perder la esperanza y la alegría, cansarse y resignarse.

El reto de vivir una larga vida sin perder la esperanza y la alegría es aún más difícil porque no aprendemos a cuidar de nuestra salud mental, a recuperarnos y a restaurar la energía y la alegría perdida.

A lo largo del siglo XX, aprendimos a cuidar de nuestra salud física. Aprendimos los gestos y hábitos imprescindibles para cuidar del cuerpo y darle recursos y posibilidades de recuperarse y regenerarse. Sabemos que los hábitos de higiene, de buena alimentación o de sueño realmente influyen de forma poderosa en una buena salud física.

El problema es que aún estamos aprendiendo a hacer lo mismo por nuestra salud mental: a cuidarla y a generar espacios donde pueda recuperarse y armarse de recursos ante el inevitable desgaste vital y emocional.

Por ello, es importante aprender a cultivar, con paciencia y de forma sistemática, nuevos hábitos y actitudes de cuidado.

En este punto, debo advertirte que solemos caer todos en la misma trampa: creemos que saber algo es igual a practicarlo.

Pero el conocimiento no cambia el comportamiento.

Lo cierto es que una mayoría de las personas sabe, de oídas, lo que beneficia a su salud mental. Pero pocos hacen el esfuerzo de trasladar ese saber fugaz en rutinas de vida, en gestos concretos, en nuevos hábitos.

Sabemos, pero no hacemos.

Y pensar no es suficiente. Ni siquiera pensar positivamente es suficiente. Hay que pasar a la acción. Para notar un cambio, hay que hacer.

Cuidar el cerebro solo se consigue de la misma forma que hemos aprendido a cuidar el cuerpo: entrenándolo y generando un entorno adecuado para una buena salud mental.

¿Cómo podemos desarrollar buenos hábitos de salud mental?

Cuidando y potenciando la alegría, la emoción más despreciada por el cerebro programado para sobrevivir, que la considera un lujo biológico.

La alegría, sin embargo, aporta calma, salud, curiosidad y creatividad. Es fundamental para una vida plena y creativa, una vida que se alza por encima de la mera supervivencia.

En el capítulo dedicado a la alegría, voy a sugerirte formas de cuidar y potenciar tu capacidad para la alegría. Te voy a pedir que tomes nota de dónde y cuándo no te cuidas, no te escuchas y, por tanto, no te recuperas.

Porque superar la infancia es aprender a ser autónomo, es decir, a convertirte en tu propio padre y tu propia madre... y a cuidarte como lo haría un buen padre o madre.

En cuerpo... y mente.

La presión social

El tercer factor que nos condiciona, la presión social, tampoco ayuda en el proceso insidioso de cansancio y de desgaste vital. Nos afecta a todos, humanos y pájaros. ¡Claro que algunos nos resistimos más que otros!...

He instalado al gorrión en el baño grande de la planta baja. He tapizado la bañera con hojas y ramas, y he puesto un nido de algodón blanco para que se sienta en casa. Lo coloco allí después de cada comida.

Pero una y otra vez, él trepa hasta el borde de la bañera y se refugia en el rincón más húmedo, debajo del mango de la ducha. Aunque lo devuelva al nido, él vuelve hasta el lugar que él, y solo él, ha elegido para descansar, aunque a mí me parezca absurdo.

Me conmueve su esfuerzo incansable por ser fiel a lo que es, incluso sin plumas, sin vuelo y sin canto. Lucha por mantenerse con vida con una dignidad serena y tozuda.

No me deja dictarle cómo vivir.

Aunque el gorrión luche por su independencia, todos los seres vivos, de todas las especies, somos esencialmente sociales. Nos ayudamos a sobrevivir. Dado lo que está en juego, es lógico que crezcamos aceptando sin discutir las costumbres que llamamos «cultura» y las exigencias de nuestro entorno, que tiene tiempo y poder para moldearnos a su imagen y semejanza.

Vivimos en sociedad como si fuésemos peces nadando en un medio del que no podemos escapar.

Y no podemos escapar.

Los humanos aprendemos, más que cualquier otro gran primate, por imitación. Es una forma de aprendizaje cumulativa y muy eficaz para una especie que tiene una larga infancia, porque tenemos mucho que aprender. Por ello, así como la educación de una cría de pájaro se centra solo en la supervivencia física, los humanos, en cambio, nacemos en entornos que se encargan de todo: lo físico, lo emocional y lo cultural.

Las familias que nos amparan y la sociedad que nos rodea nos dictan quién somos y cómo debemos vivir y relacionarnos con los demás. Nos dicen a quién despreciar y a quién amar.

A un niño, trágicamente, le puedes enseñar cualquier cosa. Le puedes hacer cualquier cosa.

Desde que llega al mundo, el pequeño interactúa con las energías de los adultos que le han tocado como padres. Le caen encima con la fuerza irreprimible de un accidente meteorológico.

A lo largo de esos primeros años de infancia, el niño va a asimilar sin entenderlas todas esas corrientes que han hecho de sus padres lo que son. Va a esforzarse, también sin saberlo, por normalizar y hacer suyas las formas de comunicarse, de juzgar el mundo y de protegerse. Como una coraza, la manera de ser, de sentir y de comportarse de los adultos que lo educan le irá conformando y articulando poco a poco.

A medida que se haga adulto, el niño aprenderá a mirar el mundo en función de la mirada de sus padres. Podrá ser, según sean su personalidad y sus experiencias, en oposición o en acuerdo con esa mirada, pero, haga lo que haga, el eco de sus padres resonará en él o ella el resto de su vida, determinando sus aristas y sus contornos, sus estrategias de supervivencia, su capacidad para la esperanza.

A cambio sobrevivimos, que no es poco.

En un mundo esencialmente peligroso, sobrevivir genera en nosotros una deuda de gratitud enorme, que solemos trasladar a nuestros progenitores y a nuestra cultura.

Allí aprendemos también a compensar con distracciones y pequeños placeres las renuncias y obligaciones que implican la pertenencia a un grupo humano. Reforzamos nuestro vínculo de gratitud con la necesidad atávica e innata de ser aceptados por los demás.

Aceptamos incluso relaciones tóxicas, personas que nos convencen de que las necesitamos, o de que ellas nos necesitan a nosotros. Personas egoístas, narcisistas, abusadoras y, en algunos casos, personas violentas física o psíquicamente, que subyugan a quienes las acompañan.

Aunque no estemos atrapados en una relación tóxica, los demás nos influyen más allá de lo razonable. Y es que, apunta la psicología social, somos la media de las cuatro o cinco personas que nos rodean. Su influjo es tal que nos cuesta tener más creatividad, peso corporal, optimismo o incluso cociente intelectual que las personas que nos rodean más íntimamente.

El influjo social no solo lo generan las personas cercanas. La sociedad entera nos condiciona. Pocos adultos, y desde luego ningún niño que yo conozca, son capaces de abrirse paso en la densa jungla de admoniciones, normas, costumbres, desaprobación y agendas ocultas que conforman el mensaje social y cultural.

A veces, tomar una decisión sencilla —como dejar de justificar a alguien que nos hace daño, admitir que ese trabajo ya no encaja o permitirnos estar tristes— se vuelve un mundo por todo lo que llevamos encima.

Muchas veces nuestros problemas no son tan difíciles de resolver como pensamos. Lo que los vuelve complejos es la presión que sentimos: lo que otros esperan de nosotros, el miedo a decepcionar, la culpa, la costumbre.

Pero si ya sabes que algo no te hace bien, entonces necesitas actuar. Porque quedarte donde no quieres estar tiene un coste.

Tu energía se resiente, tu confianza se apaga, tu alegría desaparece.

Las decisiones difíciles no son cómodas, pero son necesarias.

Y a menudo es así de claro:

> Decisiones difíciles, vida fácil.
> Decisiones fáciles, vida difícil.

No siempre la vida nos exige decisiones difíciles. Pero si llega ese momento —si debes dar un paso difícil y no lo haces— te adaptas, te limitas.

Cuando nos dejamos restringir por el miedo, las convenciones sociales o la necesidad de pertenecer, empezamos a olvidar quiénes éramos al nacer.

Emergemos de la infancia domesticados, habiendo aprendido a dar mucha más importancia a la supervivencia y aceptación que a nuestra propia autenticidad.

Renunciamos a mucho para conseguir la protección y la aceptación de nuestra manada.

Tal vez por ello, cuando la enfermera australiana Bronnie Ware preguntaba a sus pacientes terminales qué era lo que harían diferente si pudieran volver a empezar, la respuesta era unánime: «Viviría como yo quiero de verdad, no como los demás me dijeron que tenía que vivir».

Y es que el espíritu humano no muere sin protestar.

Las historias que nos contamos

Con los condicionantes cosechados en la infancia —emociones, desgaste vital y presión social—, y con la fuerza de nuestra imaginación, nuestra necesidad de sentido y nuestro deseo de pertenecer, creamos una historia. Porque los seres humanos no solo vivimos para sobrevivir: también habitamos, en un segundo plano, un mundo hecho de historias. El investigador Will Storr nos llama «el animal que narra» porque pensamos en forma de relatos, nos contamos a nosotros mismos quiénes somos, qué hacemos y hacia dónde vamos. Nuestra identidad es el personaje que interpretamos dentro de esa historia interna.

Lo sorprendente, dice Storr, es cuánto nos importa ese personaje. A veces, más que la propia vida. A lo largo de la historia, millones de personas han elegido morir antes que traicionar su identidad —su causa, su fe, su idea de sí mismos.

Y aquí viene una pista bien útil para entender cómo nos sentimos día a día. Cada uno de nosotros mide la salud de su identidad a través de dos elementos fundamentales: la conexión (ser queridos) y el estatus (ser reconocidos y respetados).

Cuando la vida duele, suele ser porque algo se ha roto en una de esas dos dimensiones. Storr lo llama «estrés de identidad» porque es como si estuvieras estresando tu identidad, el personaje de la película en la que vives.

Cuando nos falta conexión o perdemos estatus, sufrimos. Y cuando ambos desaparecen, aparece el vacío más extremo, incluso el suicidio.

Permíteme una digresión, por si con ella podemos acompañar a los demás. En su experiencia como voluntario, dice Storr que las personas que luchan con pensamientos suicidas suelen hacerlo por tres razones: dolor crónico, un luto reciente o el colapso de su identidad, siendo esta última, con diferencia, la más común. Le parece asombroso y conmovedor ver el impacto que pueden tener unas pocas palabras sinceras de apoyo, como cuando él recuerda a quien sufre lo valioso o valiente que es.

A menudo basta con decir en voz alta: «Lo estás haciendo lo mejor que puedes», «Eres valiente por seguir aquí», aunque quien te escuche sea un pequeño gorrión. Y al pronunciar esas palabras, algo dentro de ti también las oye y las acoge.

Siempre ayudamos a los demás cuando reforzamos su necesidad de conexión y de estatus (cuando mostramos cariño y respeto).

Cuenta Will Storr que comprender esto le ha permitido poner más fácilmente el dedo en la llaga cuando se siente mal: «Comprenderme como un personaje dentro de una historia inventada, que busca sin descanso conexión y estatus, me ha ayudado a entender por qué la vida duele a veces. En momentos de ansiedad o tristeza, me sirve como mapa. ¿Es un problema de supervivencia? ¿De salud física? ¿O es conexión? ¿Me siento distante de alguien que quiero? ¿O es estatus? ¿Me preocupa cómo va el trabajo, una torpeza en redes o algo que afecta a mi partido político? Siempre encuentro la causa en uno de esos tres ámbitos».

Afortunadamente, también podemos mirar nuestro relato con otros ojos. Entender que es solo eso: una historia. Y quizá, poco a poco, aprender a escribir una nueva.

El amor que aprendemos en casa

En tu vida adulta, no solo arrastras al niño o niña que aprendió a contarse historias acerca de quien es, sino también al que aprendió a otorgar al amor las características y condicionantes que experimentó en casa.

Te sigue como un fantasma, silencioso y presente. A veces, si tu experiencia infantil fue difícil, te sigue como un alma en pena.

Recuerda que lo familiar es en cierto modo reconfortante, aunque en el fondo te haga mal. En algún momento llega el reto de preguntarnos: ¿cómo sería amar —y dejarnos amar— de otra forma?

Podemos cambiar el amor que heredamos por el amor que merecemos.

Como adultos, tenemos la responsabilidad de aprender cómo son y cómo te hacen sentir las relaciones sanas.

Aprendemos por imitación, así que busca a tu alrededor ejemplos atractivos de relaciones de amor, tal vez diferentes a las que has conocido.

Aprende qué palabras, gestos y acciones rodean y construyen estas relaciones. Fíjate con atención, escudriña lo que permite que esa relación que admiras haya podido florecer.

En una relación equilibrada, te sentirás respetado, escuchado y libre de ser tú mismo.

En una relación difícil, una parte de ti se sentirá insidiosamente incómoda y dolorida.

Luchan dentro de ti dos fuerzas: la fuerza de la familiaridad y el instinto por vivir libre y con plenitud.

En esta lucha entre el instinto de supervivencia y el instinto de vida, solemos optar inconscientemente, al menos durante la primera y menos experimentada parte de nuestra existencia, por la familiaridad.

La familiaridad viene determinada por el clima emocional y por las palabras, gestos y actitudes que escuchabas y veías en casa.

Hay determinados patrones que suelen darse en las familias, en mayor o menor medida. Vamos a recorrer algunos de los patrones familiares más comunes, empezando por uno que sienta unas bases firmes para la autoestima y el bienestar: el de las familias emocionalmente inteligentes.

Familias emocionalmente inteligentes

Los padres y las madres emocionalmente inteligentes comprenden que cada hijo es único y merece amor y reconocimiento individual sin necesidad de comparaciones. En lugar de fomentar la competencia, cultivan un ambiente de colaboración, respeto y apoyo mutuo.

El niño aprende que su valor no depende de superar a otros, sino de su propio crecimiento y esfuerzo. Desarrolla una autoestima sólida basada en su propio progreso y capacidades, sin la necesidad de competir por amor o atención.

Cuando sea adulto, podrá celebrar los logros de los demás sin sentir que pierde algo propio. Se sentirá seguro de su propio camino, enfrentará los desafíos con confianza y aprenderá de sus fracasos sin temor paralizante. Su éxito estará basado en la capacidad de superarse, y no en la comparación constante con los demás.

Imagina un hogar donde las emociones se comprenden y gestionan con calma, donde los niños aprenden a expresar lo que sienten y los adultos responden con empatía. ¿Cuántos hogares podrían definirse así?

Según estimaciones basadas en estudios sobre inteligencia emocional en adultos, alrededor de un 36 por ciento de las familias podrían considerarse emocionalmente inteligentes, es decir, contar con al menos un miembro que influye positivamente en la dinámica familiar. Aunque no es un dato absoluto, refleja una realidad esperanzadora: la inteligencia emocional se aprende y se entrena, como un músculo que podemos fortalecer cada día con pequeños gestos de escucha y comprensión.

Al final, lo que verdaderamente transforma una familia no es la perfección, sino la capacidad de aspirar a crear un espacio de conexión y bienestar emocional.

No elegimos la familia en la que nacemos, pero sí la manera en que dejamos que nos defina. Crecemos en entornos que pueden ser amorosos o caóticos, autoritarios o permisivos, familias donde las emociones fluyen con naturalidad o donde quedan atrapadas en el miedo o la incomprensión.

Sin embargo, lo que marca la diferencia no es el punto de partida, sino lo que hacemos con él. Porque incluso en una familia donde la inteligencia emocional brilla por su ausencia, hay una oportunidad: la de aprender a gestionar nuestras propias emociones, a romper patrones heredados y a construir relaciones más sanas.

Como un árbol que crece torcido pero encuentra la forma de alcanzar la luz, podemos transformar nuestras experiencias en sabiduría y, con ello, convertirnos en los adultos que nos habría gustado tener cerca cuando éramos niños.

Veamos algunas de estas familias y lo que de entrada los niños aprenden en ellas...

Familias con tendencia a ser autoritarias
(control extremo y exigencia sin afecto)

La niña aprende que el amor está condicionado por el rendimiento. Vive con miedo al fracaso y se siente insuficiente.

Cuando sea adulta, puede volverse una persona perfeccionista y autocrítica, con ansiedad constante por no ser «suficiente» en sus relaciones o en el trabajo. También puede elegir relaciones con parejas dominantes, o bien ejercer un control excesivo sobre los demás.

Familias con tendencia a ser permisivas
(sin límites ni estructura)

El niño crece sin aprender a gestionar la frustración ni la disciplina. Puede desarrollar miedo a la responsabilidad o la necesidad de que otros se encarguen de él.

Cuando sea adulto, puede volverse dependiente emocionalmente, incapaz de tomar decisiones o asumir responsabilidades. También puede tener problemas con la autoridad o con seguir normas.

Familias con tendencia a ser emocionalmente ausentes (frías o distantes)

La niña siente que sus emociones no importan o que no vale la pena expresarlas. Aprende a reprimirse para no incomodar.

Cuando sea adulta, puede convertirse en alguien que evita la intimidad emocional, que se cierra por miedo a ser ignorada o atrae a parejas frías e inaccesibles.

Familias con tendencias sobreprotectoras (hipercontroladoras por miedo o ansiedad)

El niño aprende que el mundo es peligroso y que no es capaz de enfrentarlo solo. Siente que siempre necesita ayuda para todo.

Cuando sea adulto, puede desarrollar dependencia emocional, miedo a tomar decisiones o sentirse paralizado ante los desafíos. También puede rebelarse y volverse extremadamente impulsivo para compensar la sensación de control en la infancia.

Familias con tendencia a usar la culpa como herramienta de control

La niña crece sintiéndose responsable del bienestar de los demás y con la sensación de no hacer lo suficiente.

Cuando sea adulta, puede convertirse en alguien que se sacrifica en exceso en sus relaciones, que prioriza las necesidades de los demás antes que las suyas y que siente culpa cuando intenta poner límites.

Familias con tendencia a conductas adictivas o inestabilidad emocional (alcoholismo, abuso de sustancias, trastornos graves no tratados, etc.)

El niño vive en un entorno impredecible y aprende a estar en estado de alerta constante. Puede desarrollar hipervigilancia y miedo al abandono.

Cuando sea adulto, puede sentirse atraído por relaciones tóxicas o caóticas porque le resultan familiares. También puede desarrollar un rol de «salvador» en sus relaciones, intentando «arreglar» a personas dañadas.

Familias con tendencia a fomentar la competencia entre hermanos

La niña aprende que el amor y la atención son escasos y que hay que luchar por ellos. Puede desarrollar una necesidad excesiva de validación externa.

Cuando sea adulta, puede compararse constantemente con los demás, vivir con un miedo intenso al fracaso o sentirse incómoda cuando otra persona tiene éxito.

Familias con tendencias narcisistas (padre o madre egocéntrico, manipulador, con necesidad de admiración constante)

El niño aprende que su valía depende de cómo complace a los demás. Siente que no es suficiente o que debe ganarse el amor.

Cuando sea adulto, puede atraer relaciones desequilibradas, donde siempre es él quien da más y recibe menos. Aunque parezca fuerte e independiente, en el fondo sigue buscando la validación que no recibió de forma incondicional. Vive con la sensación de que tiene que hacer méritos para ser amado y lleva consigo una pregunta no resuelta: «¿Soy suficiente tal como soy?».

Si por ejemplo has tenido un padre narcisista, aprenderás a amar mal y ser mal amado. Los caprichos y el egoísmo de ese padre te enseñarán a ponerte siempre en segundo lugar, a desvalorizar tu talento y a descuidar tus propias necesidades.

Si tu padre, además de narcisista, es un ser alegre, en un hogar tal vez huérfano de alegría, aprenderás a encontrar la alegría que anhelas aunque sea en ese padre egoísta pero luminoso. Normalizarás aún más la forma de amar del narcisista para poder sumergirte en el calor y el confort de su alegría.

Eres un náufrago sediento que depende del agua que le den. No tendrás otro recurso, otro consuelo en ese hogar intenso y solitario. Y te llevarás contigo estas estrategias de supervivencia a tu etapa adulta.

Cuando seas adulto, un día, tal vez conozcas a un hombre mayor que tú que, aunque no te des cuenta entonces, te recordará a ese padre que ya perdiste.

Tu padre sigue vivo en ti.

Si ese hombre al que acabas de conocer también es narcisista, miel sobre hojuelas: le será fácil convencerte de que su forma abusiva de amarte es lo que estabas esperando desde hace tanto. Lo verás todo normal y natural, aunque duela. Aguantarás las exigencias de ese hombre porque con él revives el amor como lo aprendiste en tu hogar.

No conoces otra cosa.

No tienes nada con lo que comparar.

Atrapada o atrapado en la sombra del pasado, no sabrás entender ni salir de la ciénaga. Ignorarás las señales, no darás crédito a tus propios sentimientos, te enredarás cada día más en esa sinfonía de sentimientos tan familiar.

Confundirás lo conocido con lo inevitable.

Cuando las cosas duelan, repetirás estrategias y comportamientos que, cuando eras niño, te aliviaban y ayudaban a salir adelante.

Actúas presa de las sombras y los fantasmas de tu pasado. Como entonces, justificas, normalizas y aceptas lo que deberías rechazar.

Te comportas como si todavía fueses ese niño dependiente y asustado que no tiene donde ir.

Aún no has aprendido a volar.

¿Qué niña o niño has sido tú? ¿Qué adulto eres ahora? Y si tienes hijos, ¿en qué padre o madre te has convertido?

Cada uno de los patrones que aprendes en casa afecta profundamente la manera en que te percibes a ti mismo y a los demás.

Decía Jung que «la mayor carga que un niño debe soportar es la vida no vivida de sus padres».

Pero tú no tienes por qué seguir cargando con ella.

Lo que fue aprendido en la infancia no tiene por qué definir la vida adulta.

Al tomar conciencia de ello, podemos volver a empezar.

Puedes superar tu infancia.

Durante los primeros días, el gorrión huía de mí cuando entraba en el baño a alimentarlo. Pero últimamente, cuando tiene hambre, ha establecido una rutina: se encarama en el cabezal de mi bote de desmaquillante rosa, frente al espejo, y me llama piando. Entonces, cuando entro en el baño, en vez de huir, él se queda quieto. Me espera. Aún está asustado, pero listo para el encuentro.

Cuando dejamos de huir, de reaccionar y empezamos por fin a elegir conscientemente: ahí comienza la segunda parte de la vida.

LA SEGUNDA PARTE DE LA VIDA

Pasada la juventud, que se entretiene con la novedad de las primeras distracciones y equivocaciones, el alma empieza a hacerse notar. Sentimos que algo no va del todo bien. Aunque hayas relegado esa voz interior incómoda a la oscuridad del inconsciente, de vez en cuando emerge de las profundidades y se hace sentir.

Sentir es la palabra clave para conectar con esa voz interior reprimida. No esperes a oírla: tienes que aprender a sentirla, aunque sea fugazmente. Se expresa en detalles, en pequeñas resistencias sordas.

En el momento en el que reconocemos la importancia de esa voz, dice el psicólogo James Hollis que despertamos y liberamos a la persona que somos de verdad.

Ahí empieza la segunda parte de nuestra vida.

Cuando Hollis dice que «la primera mitad de la vida es esencialmente un error gigantesco e inevitable», no lo dice en tono fatalista ni pesimista. Lo que quiere apuntar es que, en esa primera etapa, la mayoría de nuestras decisiones, identidades y metas están fuertemente condicionadas por las expectativas sociales, familiares y culturales. El deseo de pertenecer, agradar, triunfar o ser alguien en el mundo. La necesidad inconsciente de llenar vacíos emocionales o compensar heridas de la infancia.

Todo eso es necesario: necesitamos construir un ego, un «yo funcional» que nos permita actuar en el mundo. Pero inevitablemente lo hacemos desde cierta ceguera, arrastrados por condicionamientos que no entendemos del todo. Por eso es un error inevitable.

Llega un momento —una crisis, una pérdida, una sensación de vacío o de sinsentido— en el que ese yo construido ya no basta. Entonces comienza el viaje de la segunda mitad de la vida: un proceso más consciente y auténtico, en el que uno empieza a preguntarse qué quiere realmente, más allá de lo aprendido. Te atreves entonces a enfrentar tus sombras y heridas con valentía.

Solo en ese momento podemos acceder a una vida más profunda, libre y auténtica.

No todas las personas, aunque vivamos vidas centenarias, logramos este hito. Dice Hollis: «La segunda mitad de la vida empieza cuando las personas, por la razón que sea —la muerte de la pareja, el final de un matrimonio, una enfermedad, la jubilación, lo que sea...—, se ven obligadas a reconsiderar de forma radical quiénes son, al margen de su historia, de sus roles y de sus obligaciones».

Y añade: «Algunas personas, aunque lleguen a muy viejas, aunque estén educadas y se sientan satisfechas con sus vidas, nunca alcanzan este momento».

Esto es así porque la segunda mitad de la vida no es un momento cronológico: es un momento psicológico.

Me parece fundamental ese matiz. Damos a la edad mucha más importancia de la que tiene. Lo cronológico suele delatar muy poco de una vida humana.

Acceder a esta segunda mitad de la vida no es evidente. Tras unos años de adaptación y compromisos, solo llegamos a recuperar nuestro ser auténtico si hacemos el trabajo de purga previo. Y ese trabajo es duro y solitario.

Si pudiésemos tomar perspectiva y ver nuestra vida en su conjunto, podríamos apreciar que esos pequeños esfuerzos cotidianos que hacemos por recuperar nuestra esencia dan resultado a medio y largo plazo.

Necesitaríamos llevar incorporada en el cerebro la capacidad de medir el verdadero impacto de cada gesto, cada pensamiento, cada hábito. Sería útil ver nuestro futuro como si fuera un mapa visual, capaz de modificarse constantemente en función del ahora.

La fuerza curativa de las personas: ser todo aquello que eres capaz de ser

Aunque los humanos no tengamos esa capacidad, el gran psicólogo Abraham Maslow decía que todos los seres humanos tenemos una motivación interior para desarrollarnos y lograr una existencia mejor. En su pirámide de necesidades humanas, el escalón más alto al que puede aspirar un humano es, precisamente, la capacidad y el deseo innato de realizar su potencial a través del crecimiento personal, la creatividad y la autorrealización.

La cumbre de las necesidades humanas, decía, es aspirar a «ser todo aquello que eres capaz de ser».

Cuando le daba de comer al gorrión con torpeza, porque la jeringuilla era estrecha y se atascaba, sin querer iba manchándole la cabeza de papilla. Un día vi que la tenía llena de pegotes pequeños, redondos y secos. Parecía un extraterrestre. Pensé: «¿Cómo lo tratarían los otros pájaros si lo vieran así?».

A diario, me paso un rato recortando con tijeritas cada bolita seca. No lo hago para que el gorrión sea más bonito, sino para que pueda parecerse a sí mismo. Para que pueda ser gorrión.

Porque, al final, todos necesitamos ser vistos como somos, o como anhelamos ser.

Cada uno de nosotros lleva dentro esa necesidad de ser quien es, a pesar de nuestras dificultades y de nuestras limitaciones. Tendemos a ello de la misma manera que las plantas tienden al sol y los pájaros a volar.

El psicólogo Carl Roger llama a este deseo innato de acercarte a tu potencial, a tus plenas posibilidades, al deseo de expresar y activar todas las capacidades de tu organismo, «la fuerza curativa de las personas».

Para llegar a esta etapa de crecimiento, tienes que haber podido dar respuesta a otras necesidades más básicas, como las relacionadas con el cuerpo y el ego. Solo entonces liberas la energía para perseguir y expresar lo que da sentido a tu vida.

¿Cómo se consigue esta vida más plena?

No se trata de hacer más, de tener más, ni de ir más rápido. Vivir con plenitud es sentir que estamos en el lugar correcto, haciendo lo que de verdad nos llena.

Y para eso hay que despertar. Despertar significa algo muy simple pero poderoso: darnos cuenta de que no estamos aquí solo para cumplir con lo que los demás esperan.

Nuestra vida nos pertenece. Podemos elegir qué camino tomar.

Es el momento en el que, poco a poco, tomamos decisiones más alineadas con lo que realmente queremos. A veces es un pequeño cambio, otras veces es un gran salto, pero lo importante es que empezamos a sentir que nuestra vida tiene más sentido para nosotros mismos.

La clave de todo es la autenticidad. Ser auténtico no es ser perfecto, ni hacer siempre lo correcto. Es, simplemente, atrevernos a ser quienes verdaderamente somos, sin miedo a decepcionar a los demás.

Cuando hacemos esto, algo cambia. Vivimos con más calma. Nos sentimos más ligeros. Y, por fin, nos damos permiso para ser nosotros mismos.

Este proceso, en la tradición occidental, suele llamarse «autorrealización». Es un proceso psicológico y personal en el que aprender a expresar tu potencial, a ser creativo, ético, auténtico.

¿Cómo sabes si estás en ese proceso?

El proceso de autorrealización

No hay diplomas ni señales luminosas que señalen que estás en ese proceso. Solo tienes la sensación, a veces tenue, de que estás empezando a habitar tu vida desde un lugar más auténtico, menos forzado.

Abraham Maslow, uno de los psicólogos que más reflexionó sobre ello, observó que algunas personas logran desarrollar esa relación más plena consigo mismas y con el mundo. No son perfectas ni viven sin contradicciones, pero han aprendido a reconocer quiénes son en realidad, y a vivir en coherencia con eso. Han abrazado su humanidad, con sus luces y sombras.

Se trata de personas que han hecho las paces con sus límites y sus heridas, y que desde ahí se expanden. Han encontrado formas de crecer más allá de sus miedos y limitaciones. No huyen de lo difícil, pero tampoco se quedan atrapadas en ello.

En lugar de pedirle al mundo que les dé sentido, empiezan a construirlo desde dentro. Van saliendo del miedo para entrar en una forma más libre y generosa de estar en la vida.

Los psicólogos señalan que quienes transitan este camino suelen mostrar, en mayor o menor medida, algunos rasgos comunes.

RASGOS CARACTERÍSTICOS DE LAS PERSONAS EN PROCESO DE AUTORREALIZACIÓN

Eres bueno percibiendo la realidad que te rodea

Aceptas bien la naturaleza humana

Te gusta la soledad y necesitas privacidad

Tienes un sentido del humor nada hostil

Tienes un sentido ético propio y bien definido

Eres espontáneo y natural

Te importan cosas más grandes que tú y quieres ayudar al mundo

Tu personalidad es "democrática"

Eres creativo en tu forma de vivir y pensar

Tienes relaciones interpersonales profundas
Disfrutas de las cosas como el primer día
Eres resiliente y afrontas la vida con perspectiva
Eres autónomo

Rasgos característicos de las personas en proceso de autorrealización:

1. *Eres bueno percibiendo la realidad que te rodea.* Las personas autorrealizadas tienen una habilidad inusual para detectar lo falso y lo deshonesto, y suelen ser capaces de juzgar a las personas y las situaciones de forma precisa y eficaz.

2. *Aceptas bien la naturaleza humana.* No idealizas a las personas ni a ti mismo. Aceptas tanto las virtudes como los defectos de la humanidad sin que eso te cause frustración o rechazo.

3. *Eres autónomo.* No dependes excesivamente del reconocimiento externo ni de las expectativas sociales. Vives de forma independiente, guiado por tu propio criterio y tus valores.

4. *Eres resiliente, capaz de adaptarte casi a cualquier situación, y afrontas la vida con perspectiva.* Enfrentas la adversidad con fortaleza y aprendes de los desafíos sin dejarte arrastrar por la desesperanza. Tiendes a ver los problemas desde una perspectiva más amplia, lo que te permite encontrar sentido incluso en los momentos difíciles.

5. *Te gusta la soledad y necesitas privacidad.* Aprecias los momentos de soledad porque te permiten reflexionar, crear y explorar nuevas ideas. No dependes constantemente de la compañía de otros para sentirte bien.

6. *Eres espontáneo y natural*. Vives de forma sencilla y auténtica, sin artificios. En situaciones incómodas, tu espontaneidad te ayuda a salir a flote sin necesidad de fingir lo que no eres.

7. *Tienes un sentido ético propio y bien definido*. No te limitas a seguir las normas establecidas sin cuestionarlas. Tienes un sentido interno de lo que es justo y actúas en coherencia con tus valores, aunque estos no sean los más convencionales.

8. *Eres creativo en tu forma de vivir y pensar*. La creatividad no es solo artística, sino una forma de ver el mundo. Buscas soluciones innovadoras, piensas con flexibilidad y encuentras nuevas formas de vivir y resolver problemas.

9. *Disfrutas de las cosas como el primer día*. Mantienes un espíritu fresco y una capacidad de asombro que no se desgasta con los años. Sigues apreciando lo bello y lo simple de la vida, como si fuera la primera vez.

10. *Tienes un sentido del humor nada hostil*. Tu humor no busca ridiculizar a los demás. Más bien, encuentras gracia en la condición humana en su conjunto, de una manera filosófica y reflexiva.

11. *Tu personalidad es democrática*. Te relacionas con los demás sin prejuicios ni barreras artificiales. No juzgas a las personas por su clase social, educación o creencias, sino por su carácter y esencia.

12. *Tienes relaciones interpersonales profundas*. Prefieres pocas relaciones auténticas y significativas antes que muchas superficiales. Te involucras emocionalmente a un nivel que la mayoría de las personas no alcanza.

13. *Te importan cosas más grandes que tú y quieres ayudar al mundo*. Te sientes parte de algo más grande y buscas contribuir a un propósito que trascienda tu propia vida. Puede ser una causa, una misión o simplemente el deseo genuino de mejorar el mundo.

No se trata de cumplir una lista, sino de un proceso que avanza en capas: primero, la capacidad de ver y aceptar la realidad tal como es. Después, la autonomía y la conexión con uno mismo. Más tarde, una forma distinta de relacionarse con los demás. Y finalmente, una apertura a algo más grande: la trascendencia, el deseo de dejar una huella o de contribuir al bien común.

Aunque estas cualidades y características de las personas autorrealizadas pueden parecer difíciles de lograr, recuerda que no son una meta que alcanzar, sino un trabajo en progreso, un proceso... Algo a lo que aspirar.

Dice el psicólogo y catedrático Daniel Gilbert que los humanos «somos un trabajo en progreso que erróneamente cree estar acabado».

Si quieres acelerar tu proceso de autorrealización, fíjate en las características que más desarrolladas tienes y fortalécelas de forma consciente. Son un regalo para el mundo y para ti.

Fíjate también en las características que menos desarrolladas tienes y experimenta con alguna que te parezca especialmente atractiva o necesaria. Te ayudará a crecer y a poner tu vida en una nueva perspectiva.

Dice James Hollis que «cuando logramos poner nuestras vidas en una nueva perspectiva y verlas como lo que son, vidas a menudo dirigidas por el miedo, por lo mezquino, por lo repetitivo, nos anestesiamos y nos distraemos... o bien nos damos cuenta de que algo debe cambiar».

¿Qué facilita el cambio, ese nuevo comienzo?

Ayuda hacernos despacio, una y otra vez,
sus poderosas preguntas:

¿Qué deseo de verdad, al margen de los deseos de mi entorno, mis complejos y mis circunstancias?

¿Dónde necesito crecer y fortalecerme, hacerme cargo de mi vida?

¿A qué miedo me tengo que enfrentar para lograrlo?

Ese miedo, ¿es realista y objetivo, o es un miedo que arrastro de mi pasado?

Y por último, ¿qué precio habré de seguir pagando si no me decido a crecer y volar?

Volar: si eres pájaro, ir o moverse por el aire, sosteniéndote con las alas.

Volar: si eres humano, comprender tu entorno, soltar lo que pesa, atreverte a imaginar una vida mejor, elegir rodearte de aquello que te da fuerza y alegría, aprovechar el viento a favor y sentirte libre.

Cuando a pesar de todo elegimos vivir de cara al miedo, con su cohorte de sicofantes —la codicia, el desprecio, la envidia, el cinismo o la desesperanza—, es porque estamos viviendo presos del momento y del instinto.

No podemos ver el horizonte. Andamos con los ojos clavados en lo inmediato.

Para poder elevar la mirada y entender hacia dónde te diriges, necesitas de entrada no solo aprender a confiar en ti, sino también escuchar lo que los demás dicen de verdad, sin enmascarar ni distorsionar sus mensajes, para así comprender y aceptar la realidad en la que vives.

Necesitas leer las señales.

Algunas personas tienen un talento innato para ello, pero la mayoría tardamos una vida entera en aprender a leer estas señales del camino.

Sin embargo, las señales existen y conforman un código descifrable y claro que puede guiarnos.

Es un código que tiene mucho en común con el que aprenden los rastreadores de caminos cuando buscan un animal salvaje.

El gorrión necesita salir del baño. Le he comprado una jaula para subirlo a la terraza para que le dé el sol. Se queda largo rato inmóvil, atento. Mira las sombras que pasan, escucha cada canto a lo lejos, siente el viento y sigue con los ojos la luz. Está aprendiendo a leer el mundo.

Los pájaros que lo rodean tampoco se lanzan sin mirar. Observan el viento antes de volar, memorizan tejados, señales, sonidos. Escuchan a los otros. Esperan. Cada pequeño cambio en su entorno es una pista.

Y pienso en nosotros: también necesitamos aprender a leer las señales. Sin atención perdemos el rumbo. Y sin rumbo es fácil perderse a uno mismo.

EL RASTREADOR DE CAMINOS

Descubrí a los rastreadores africanos en las páginas de un libro. Viven en un universo muy distinto al mío, pero su forma de mirar el mundo ha dejado una huella en mí.

Uno de ellos, Boyd Varty, creció en una reserva natural en Sudáfrica, cerca del gran parque del Serengueti. Aprendió desde niño a rastrear grandes animales salvajes.

Ha volcado el antiguo arte de los rastreadores africanos en una metáfora para la vida.

Estar vivo, dice, no es lo mismo que estar despierto.

El destino del ser humano es inevitablemente quedarse dormido de vez en cuando. No solo en el sentido literal, claro, sino también en el sentido espiritual.

Quedarse dormido es vivir distraídamente, de forma ilusa o perezosa.

A mí me pasa a menudo, porque vivir dormida es más fácil que vivir despierta. Para estar despierto, tienes que estar atento a los prejuicios, las distracciones, las mentiras, las proyecciones y las ganas de tomar atajos fáciles.

Estar despierto es observar lo que ocurre dentro y fuera, sin filtros, sin engañarse.

Vivimos tiempos particularmente difíciles para estar despiertos. Todo está pensado para mantenernos ocupados consumiendo. Nuestra sociedad de la distracción lo tiene todo organizado para que vivamos apresurados, sin profundizar, sin tiempo para entender lo que pasa de verdad.

Por eso me gusta tanto la metáfora del rastreador de caminos. Me recuerda cómo salir de la burbuja y despertar a la realidad, a la vida.

Los grandes rastreadores de animales salvajes son personas entrenadas para fundirse con el medio natural. Saben interpretar las señales que los rodean. Cuando sigues el rastro de un león o de un hipopótamo, todo lo que ves y escuchas tiene un mensaje: las ramas pisoteadas delatan no solo si el animal pasó por allí, sino también, para quien sepa interpretarlo, si iba despacio, sin rumbo o deprisa. Tal vez se dirige al abrevadero, o tal vez persigue una presa, se detuvo y giró ligeramente para seguir su olor o cambiar de dirección. La huella te habla, porque tendrá más o menos profundidad en función de la emoción y de la intención del animal. La hierba recién aplastada podría avisar de que la fiera dormitaba y que despertó de repente al oírnos. Puede estar cerca, al acecho. Puede ser peligrosa.

Si dejas de escuchar y de interpretar las señales sutiles de tu entorno, te expones a peligros. Es fácil tropezar cuando andas distraído.

Por ello, para poder leer las señales, el rastreador pone toda su atención, está presente en cuerpo y alma. Camina en silencio. Olfatea el viento. Escucha los murmullos y los gritos de la sabana. Reconoce quién los emite. El leve batir de unas alas —quizá un gorrión salvaje o un bulbul que se alza entre la hierba— revela la vida discreta que palpita a su alrededor.

Es como aprender a hablar un lenguaje que es universal, pero tan sutil que muchos lo pasamos por alto.

Uno de los principios del buen rastreador es estar dispuesto a emprender camino por voluntad. Suelen levantarse al alba, y adentrarse en la sabana cuando aún reinan la oscuridad y el frío. Casi siempre, el rastreador empieza una búsqueda sin tener certezas. No ve una señal clara que le indique dónde está el animal.

En la sabana y en la vida, los caminos nunca están desbrozados y nítidamente claros. Si dependes de grandes expectativas y visiones, si esperas señales atronadoras, podrías quedarte paralizado, sin avanzar. Hay que agarrarse a la esperanza y, poco a poco, ir tirando del hilo. Solo sabes que si buscas con cuidado, al final encontrarás algo.

Boyd Varty lo resume así: «No sé exactamente adónde voy, pero sé exactamente cómo llegar allí».

Echar a caminar no siempre es fácil. En los cuentos de hadas que nos ayudan a ensayar la vida cuando somos niños, los personajes salen a la aventura, pero usan migas de pan o piedrecitas para encontrar el camino de vuelta. En la vida real, si te alejas del lugar donde siempre has vivido, los caminos de vuelta no estarán nítidamente marcados. Puede que el puente que atraviesas para alejarte de lo que conoces ya no esté cuando intentes regresar. Tal vez las personas hayan cambiado o se hayan mudado. Por eso nos cuesta alejarnos de nuestro territorio seguro.

Otras veces, nos resistimos a leer las señales que nos rodean porque nos da miedo o pereza enfrentarnos a la realidad. Preferimos escondernos detrás de nuestras fantasías, mantener la esperanza de que se harán realidad.

Cuando renuncias a las fantasías, primero hay desilusión, pero después llega un sentimiento de libertad cuando comprendes lo que te rodea y aceptas lo que hay. En el hinduismo, *maya* es la ilusión, una imagen irreal y engañosa, la magia y el fraude. Se asocia al estado psicológico de estar bajo un hechizo. El anhelo es despertar, abandonar la ilusión y vivir con los ojos abiertos.

A veces, lo más valiente no es resistir, sino saber marcharse. Tener la libertad de alejarte de lo que ya no te hace bien —aunque parezca perfecto desde fuera— es un acto de honestidad contigo mismo. No se trata de huir, sino de reconocer con paciencia lo que no encaja contigo y atreverte a elegir un camino distinto.

Para despertar, hay que aprender a leer las señales que nos rodean. Es un proceso a la vez intuitivo y cumulativo. Si hacemos este aprendizaje con los ojos abiertos, lejos del influjo de la ilusión, avanzamos más deprisa. Si caminamos medio dormidos, sin rumbo y a merced de cualquier distracción, el camino puede alargarse o quizá no llegues nunca a buen puerto.

Las señales que encontramos en el camino abarcan muchos significados. Hay señales explícitas, como las que encuentras atadas en lo alto de un poste o pintadas en una piedra. Cuando recorre un camino, el senderista experimentado divide las señales en aquellas que son meramente informativas o aquellas que le advierten de los peligros a los que se puede enfrentar, como un triángulo con borde rojo o un pictograma que avisa de posibles desprendimientos, una señal de prohibición o una señal que marca el final de un camino.

Estas señales son relativamente claras, tienen sus códigos establecidos y nos ayudan a avanzar por rutas seguras y bien planificadas. Son como las palabras, los contratos y las promesas con que los humanos comunicamos, contratamos, registramos y prometemos explícitamente.

Cuando no te tomas esas señales en serio, cuando tu mirada resbala sin darles importancia, te expones a ciertos malentendidos y peligros. Un animal salvaje, un desprendimiento, un camino resbaladizo o un lugar que se puede inundar.

Una separación... Una negativa inesperada... Una resistencia sorda... La pérdida repentina de algo valioso.

A menudo, estos eventos habrán estado precedidos de advertencias, resistencias y protestas.

A toro pasado, se veían venir, pero no los viste.

No siempre son evidentes las señales. A veces hay que fijarse y escuchar atentamente: pueden ser momentos, palabras y actos que delatan una intención, un posible significado.

Las tienes que captar al vuelo.

Más que verlas, tendrás que aprender a reconocerlas, a sentirlas, a adivinarlas o a intuirlas.

En inglés, estas señales se llaman *red flags*, o banderas rojas.

Aprender a escucharlas puede cambiar tu rumbo, porque la vida, aunque parezca callada, siempre nos está hablando.

Intento ayudar al gorrión a aprender cosas básicas de gorrión. Así que tenemos una clase de vuelo diario, para la que he añadido a la bañera más ramas de la playa, cuerdas y una roca suave. ¡Le cuesta!... Lo poso en una rama, pero se asusta y salta antes de tiempo. Una y otra vez, calcula mal la distancia y cae. Aún tiene que aprender a mirar, a esperar, a confiar en sus alas.

Y pienso en nosotros: también tropezamos cuando no sabemos descifrar lo que nos rodea. Nos lanzamos por miedo, por deseo, por impaciencia o por no leer las señales. Pero vivir es como volar: no basta con querer. Hay que mirar bien antes de saltar.

RED FLAGS

Vivimos en una cultura que nos anima a adaptarnos y a minimizar lo que sentimos. Pero el cuerpo y la vida nos hablan todo el tiempo. Solo hay que detenerse y observar con una mirada más suave, más desenfocada tal vez, pero también más lúcida.

Se trata de hacer justo eso: aprender a leer las señales de alerta, reconocer los pequeños avisos que nos da la vida cuando algo no encaja, cuando una relación nos apaga, cuando un entorno nos agota o cuando, sin saber por qué, sentimos que no estamos en el lugar adecuado.

El problema de las señales de alerta no es solo que a veces no las vemos, sino que muchas veces no queremos verlas. Nos volvemos expertos en fabricar excusas para no tener que aceptar lo que esas señales nos están diciendo. Porque verlas de verdad implica tomar decisiones: cambiar de trabajo, alejarnos de alguien, reconocer que eso que queríamos tanto —una historia, una promesa, una imagen de futuro— no era como soñábamos.

Y entonces empieza la gimnasia emocional: «Es que tuvo una infancia difícil», «Es que no sabe querer, pero en el fondo me quiere», «Es que su entorno nunca la ayudó a ser mejor».

Cuando necesitas demasiadas excusas para sostener a una persona, una relación o un entorno, eso en sí mismo es una señal roja gigante.

Las *red flags* no siempre gritan. A veces susurran, y ahí es donde más peligro hay: en el hábito de desactivarlas con explicaciones, en nuestra fidelidad a una versión ideal que no existe. Es un verdadero problema que estemos dispuestos a apagar nuestras alarmas internas con tal de no hacer frente a la realidad.

Porque la verdad, aunque duela, libera. Pero la mentira sostenida por excusas nos encadena.

No se trata de volverse desconfiado ni de huir a la primera dificultad. Se trata de aprender a escuchar y a confiar en uno mismo. Porque cuanto antes veas una señal, antes podrás tomar una decisión que te proteja y cuidc.

¿Cómo reconocer una señal de alerta?

Las *red flags* o banderas rojas se sienten primero en el cuerpo, y luego aterrizan en la mente, donde dejan una huella persistente. Una alarma que se enciende y te avisa de que hay algo escondido que debes escuchar.

A menudo, es más fácil y más certero escuchar al cuerpo que a la mente. ¿Por qué? Porque cuando pensamos, dependemos de nuestros filtros y prejuicios mentales.

El cuerpo, en cambio, procesa nuestras emociones sin pasar por estos filtros mentales.

Así que no descartes la información que te regala tu cuerpo solo porque te incomoda o porque tu mente no la entiende.

Cuando es el cuerpo el que dice NO, fíjate en esa señal. Ábrete a sentir y escuchar el mensaje que trae esa sensación extraña que siente tu cuerpo:

«Cuando se te ponen los pelos de punta».

«Cuando una vez más, te da tanta pereza ir a ese sitio o ver a esa persona».

«Cuando él está cerca y no sabes por qué pero tienes un nudo en el estómago».

«Cuando alguien o algo te hace sentir habitualmente cansancio, asco, ansiedad o ira».

«Cuando pasas tiempo con alguien y te quedas sin energía».

No intentes rechazar o negar esas señales. Será tu primera tentación porque es lo que hacemos cuando algo molesta o duele: espantarlo como si fuese una molesta mosca.

Cuando te acostumbres a dar a estas banderas rojas la importancia que tienen, te servirán de guía certera sobre el camino que debes seguir.

Red flags *habituales*

Los humanos tenemos mucho en común. Vivimos inmersos en determinados patrones y experiencias universales. Arrastramos las mismas emociones básicas, atravesamos los mismos problemas y aprendizajes, e intentamos, como todas las formas de vida, vivir seguros, comprendidos y cómodos.

En nuestras relaciones con los demás —amistades, parejas, vínculos familiares o laborales— repetimos ciertos patrones. Y esos patrones, cuando no son sanos, emiten señales claras. Son dinámicas que nos apagan o nos enredan, aunque a veces se presenten disfrazadas de afecto, de normalidad o de costumbre.

Aquí nos vamos a centrar en esas señales que emergen en el trato con otras personas. Pequeños gestos, omisiones o atmósferas que, si aprendemos a escuchar, nos dicen mucho más de lo que parece. Son patrones transparentes y emiten señales claras: la falta de comunicación saludable, la dependencia emocional, el intento de aislar al otro, la falta de empatía típica del narcisismo, la victimización, la falta de compromiso, las diferencias irreconciliables en valores, la falta de honestidad, la negatividad, la crueldad, la falta de autocontrol, la violencia física y verbal...

Recuerda que lo que sentimos es más directo que lo que pensamos. Para detectar lo que no funciona en tu vida, céntrate en las sensaciones y señales físicas y emocionales que albergas dentro de ti. Las *red flags* no siempre se ven a simple vista, pero cuando aprendes a sentirlas, ya no puedes ignorarlas.

Para poder detectar a tiempo una *red flag* o señal, vamos a describir cómo nos sentimos ante algunas de las más habituales:

Cuando la comunicación falla

Las palabras señalizan y tienden puentes entre las personas. Ayudan a dar sentido a los hechos y a los paisajes internos.

Cuando no hay palabras adecuadas para describir lo que pasa, o las palabras son torpes y confusas y no ayudan a comunicarse, cuando hay una tendencia a cambiar de humor de repente, a dejar de hablar, a enfadarse sin razón, a poner malas caras...

Hay silencio donde debería haber claridad, confusión donde debería haber escucha. Se evitan conversaciones importantes, se responde con evasivas, se aplaza todo para más tarde, pero ese *más tarde* nunca llega.

«Después de discutir, se fue sin decir nada.»

«Le conté mis planes y levantó los ojos al cielo sin decir una palabra.»

Cuando la responsabilidad desaparece

Algunos aventureros, como los escaladores, tienen que confiar en la integridad y la responsabilidad de sus compañeros de viaje, en que estos harán los nudos adecuados, que pisarán donde tengan agarre, que ayudarán a levantar el campamento y, en caso de accidente, que se quedarán a tu lado.

Perseverar, aguantar, hacer lo que dijimos que íbamos a hacer, o que otro haga lo que dijo que haría: poder confiar en el otro es básico.

Cuando no puedes fiarte y apoyarte en otra persona, las *red flags* serán las excusas constantes, las evasivas, las negaciones, las desapariciones, las promesas vacías y la tendencia a culpar al otro. Se evita el compromiso. Las promesas no se cumplen, las tareas no se asumen. La confianza se erosiona porque nunca sabes si puedes contar con la otra persona.

«Dijo que ayudaría, pero se le "complicó el día" otra vez.»

«Dejó de responder a mis mensajes justo cuando más apoyo necesitaba.»

Cuando hay manipulación emocional

Culpa, chantaje, victimismo, luz de gas... El otro te hace dudar de ti, de tu criterio, de tu equilibrio emocional. Siempre eres tú quien exagera, tú quien está equivocado, tú quien debe ceder.

«Si realmente me quisieras, dejarías ese trabajo para estar más tiempo conmigo.»

«Me dijo que, si no iba con ella, significaba que no la quería.»

Cuando piensas «Me gusta esta persona, pero no me gustan sus amigos»

Los amigos dicen mucho acerca de una persona. Si no suelen gustarte sus amigos, probablemente no compartís los mismos valores, el mismo sentido del humor, las mismas prioridades.

Además, las personalidades de los demás se nos contagian como un virus, así que rodéate de personas que admires y te hagan sentir bien.

«Sus amigos se pasaron la noche haciendo chistes crueles sobre la camarera, y él también se reía. ¡No lo reconocía!»

Cuando hay control, invasión o aislamiento

¡Que alguien intente aislarte de relaciones que son importantes para ti es un banderín rojo importante!

Tu tiempo, tus amigos, tu espacio, tus decisiones... Poco a poco todo pasa por su filtro. Controlar se disfraza de preocupación, los celos se visten de amor. Y sin darte cuenta te vas quedando solo o sola.

«Revisa mi teléfono y dice que lo hace porque "nuestra relación es importante".»

«Critica a mi familia, a mis amigos... Dice que me hacen daño.»

Cuando no hay empatía ni interés genuino

No te escucha, no pregunta, no recuerda. Solo habla de sí mismo. Tú te esfuerzas, pero no hay reciprocidad. Lo importante para ti parece irrelevante para el otro.

«Le conté que tenía una cita médica importante y ni se acordó.»

«Cuando le hablo de cómo me siento, cambia de tema o se pone a mirar el móvil.»

Cuando la actitud es tóxica hacia el mundo

¿Critica a todos, habla mal de los demás, impone reglas arbitrarias, desprecia a quienes lo ayudan...?

Fíjate en cómo una persona trata a los demás, sobre todo si estos son vulnerables, por la razón que sea. Cómo tratamos a las personas cuando no pueden defenderse o devolver el favor es un indicador muy revelador...

«Se burla de los empleados, los trata como si fueran inferiores.»

«Siempre tiene algo negativo que decir de alguien que no está presente.»

Cuando nunca tiene la culpa o cuando, a pesar del tiempo, de la terapia o de las discusiones, nada cambia ni se transforma

Alguien que nunca reconoce que comete errores ni crece ni cambia. No aprende ni sabe ser flexible. El viajero que no aprende de sus errores volverá a cometerlos.

«No fue mi culpa...»

«Tuve mala suerte...»

«Yo siempre he sido el mismo, has sido tú quien ha cambiado...»

«Después de cada discusión, dice: "Yo no hice nada malo, el problema eres tú".»

Cuando te sientes en peligro o reducido a la mínima expresión

Una bandera roja muy preocupante es la sensación paralizante de tener que vigilar cualquier cosa que digas o hagas para no enfadar al otro. Tienes temor anticipado a sus reacciones, te autocensuras por si acaso, evades conflictos, mides cada palabra, tienes miedo a las consecuencias y sientes que vives en una tensión constante. Te esfuerzas por no molestar, por evitar el conflicto.

Y aun así, todo estalla.

«Dudo en hacer planes porque, si no le gustan, se enfada.»

«Cada vez que intento expresar algo importante, me pongo nerviosa.»

Cuando todo es negativo, porque «ser negativo es ser realista»

Pesimismo constante, rechazo a la esperanza, desconfianza hacia los demás, visión limitada, minimizar los logros, enfoque en lo negativo...

¿Para qué emprender viaje si crees que todo irá mal? Este viajero no irá a ninguna parte.

«Cuando le hablé de mis planes, respondió: "Eso suena bien, pero la realidad es que la mayoría de las veces los sueños no se logran".»

«No te fíes, nadie hace nada por nada.»

Estas son algunas de las *red flags* que desvelan las grietas de una relación.

Pero no solo hay que estar atentos a estos banderines rojos, o señales explícitas, en el camino.

A veces no hay gritos, ni discusiones, ni tensión visible.

Solo hay vacío.

Falta vida, falta alegría.

El silencio. La desgana. El no querer volver.

Pasa el tiempo y, aunque hagamos esfuerzos por adaptarnos, nunca nos sentimos en casa. Tenemos sensación de opresión, de vacío, de equivocación.

Cuando nos adentramos en senderos donde no logramos ver o sentir ninguna señal, necesitamos agudizar nuestro ingenio de rastreadores.

Es ese silencio atronador, esa falta de vida y de emoción lo que te indica que estás en el camino equivocado.

Estás en el camino del aquí no es.

El gorrión vive en el cuarto de baño más grande de la casa, y nadie le molesta porque en la puerta he puesto un cartel que dice «no entrar». Pero es un lugar aburrido, silencioso, en el que penetra poca luz y donde las paredes son lisas y poco estimulantes.

Aunque no esté encerrado en una jaula, mi gorrión sabe que este baño tampoco es su sitio. Lo recorre en silencio, sin cantar, sin moverse demasiado. Está ahí porque no tiene adonde ir. Espera.

Y yo sé que él lo sabe: aquí no es.

AQUÍ NO ES

¿Sientes que te rodea el silencio?

Un trabajo que no excita ninguna emoción.

La vida al lado de una persona que genera resignación.

Una amistad que requiere esfuerzo y devuelve poco o nada a cambio.

Una ciudad que te es indiferente.

Esa falta de señales, ese vacío existencial, también es una señal inequívoca en sí misma. Esta sensación de vivir la vida como si fuese la de otra persona, como si no te perteneciese, como si estuvieras desperdiciando meses y años sin llegar a ninguna parte, es lo que el *coach* Boyd Varty llama «el camino del aquí no es».

Es un camino muy árido, tanto en la sabana africana como en la vida.

En algún momento, es probable que acabes varado en un lugar así, frustrante y yermo.

Intenta no quedarte allí más tiempo del necesario para aprender la lección.

Pero el tiempo que pases allí no te lo eches en cara más adelante: recuerda que en esos caminos del «aquí no es» aprendemos cosas importantes. Descubrimos los lugares que no nos acogen, las personas y los valores que no son los nuestros.

El «aquí no es» no es un error: es un espacio de aprendizaje donde descubres lo que no te pertenece y reconoces lo que sí merece tu esfuerzo y tu cuidado.

La frustración sorda que despierta el «aquí no es» te llevará poco a poco hacia un lugar más grato, donde puedas sentir que «aquí sí». Aquí respiras, aquí te relacionas y aquí vives de otra manera. No es un estado perfecto ni libre de dificultades, pero a pesar de los retos sientes que lo que haces y cómo vives tiene sentido.

Tu cuerpo te lo dice: arrastras menos tensión, menos fatiga. Tu mente también responde: aunque haya días difíciles, hay más claridad, más enfoque, más ganas de seguir adelante.

Las dudas existen, pero no pesan como una losa, sino que sirven para mejorar lo que haces.

En lo emocional, te das cuenta de que no necesitas forzar nada para que las cosas encajen. Las relaciones fluyen con menos desgaste, puedes ser tú mismo sin estar constantemente en alerta.

No es un estado de felicidad permanente, sino un equilibrio dinámico donde, a pesar de las dificultades, sientes que estás avanzando en la dirección adecuada.

Cuando no estamos donde debemos estar, en cambio, nos sentimos a menudo cansados, confusos, sin una dirección clara. Hay una sensación difusa de resistencia: cada paso cuesta más de lo que debería, cada decisión parece una lucha interna. Nos forzamos a encajar, a ser alguien que no somos..., y eso desgasta.

En lo emocional, hay más frustración que ilusión, más dudas que certezas.

Cuando estamos en el lugar correcto, incluso en medio de los desafíos, la energía fluye de otra forma. Hay momentos de cansancio, sí, pero no un agotamiento que nos vacía, sino el tipo de esfuerzo que deja satisfacción al final del día. Podemos ver un horizonte, un propósito, algo que nos hace querer seguir adelante.

Cada vez que te das cuenta de que estás perdido en el «aquí no es», tienes la oportunidad de cambiar de rumbo y emprender un nuevo camino.

La solución no está en resistir más, en intentar forzar lo que no funciona. Hay situaciones que no mejoran, lugares donde no crecemos, caminos que no son para nosotros.

Reconocerlo no es un fracaso, sino un acto de inteligencia y valentía. A veces, lo más sabio que podemos hacer es dejar de intentarlo y elegir otro camino.

El buen rastreador —y todos podemos serlo, porque todos podemos aprender a reconocer las señales que nos rodean— sabe cuándo persistir, pero también sabe cuándo es hora de tirar la toalla y emprender una nueva ruta, un nuevo camino.

Por mucho tiempo que lleves «perdido» en el anterior.

Sin embargo, por nuestra naturaleza biológica, los seres vivos nos aferramos a lo conocido y nos resistimos al cambio. Estamos programados para sobrevivir, y ese es el motor que nos propulsa. Cualquier cambio podría suponer una amenaza real a nuestra supervivencia.

Nuestra resistencia feroz al cambio se refuerza con nuestra enorme capacidad para la adaptación. Si somos probablemente la especie más exitosa del planeta, es en buena medida porque somos extremadamente adaptables. Adoptamos climas, dietas y formas de vida muy variadas, y a menudo difíciles.

Lo pienso al ver a los pájaros de la ciudad picotear en una acera sucia o beber agua en un charco gris.

Quisiera decirles: ¿no sabéis que aquí al lado, a unos minutos de vuelo, existen lugares mejores, más limpios? ¿Parques y plazas en los que la vida sería menos dura?

Ellos no saben que a unos minutos de vuelo la vida sería más fácil. No tienen, como nosotros, el don (y el peso) de elegir.

Estos pájaros se han acostumbrado a vivir en condiciones difíciles. Son pájaros, y la adaptación al medio también es vital para ellos.

No tienen la capacidad humana de elegir.

Elegir exige algo más que valor: exige imaginación.

Solo quien es capaz de imaginar un mundo distinto puede cambiar su rumbo.

Elegir es nuestro don, pero también es nuestro reto.

He subido al gorrión a la terraza. Podría bañarse, explorar o jugar, como siempre. Pero hoy no lo hace. Hay gorriones en la plaza, ruidosos, revoloteando sobre los tejados y los árboles. Y él se queda quieto, ladeando la cabeza, escuchando.

Me quedo mirándolo.

Sé que se está imaginando ahí, volando entre ellos, libre, pequeño y veloz, como uno más.

Y sé que imaginarlo, algún día, lo ayudará a lograrlo.

IMAGINA

Recuerdo leer, hace años, que la escritora Enid Blyton, autora de incontables clásicos para niños y jóvenes, aplicaba esta técnica para escribir sus libros: imaginaba una escena con sus personajes y, a partir de ahí, los escuchaba hablar, discutir y hacer... y ella, sencillamente, reproducía lo que hacían y decían.

El escritor pasa muchas horas en soledad, pero no creo que ningún escritor se sienta verdaderamente solo. Siempre están, al otro lado, latiendo, las vidas de tus personajes, y también las vidas de quienes algún día leerán tus líneas, tus pensamientos.

Lanzas una energía que alguien, misteriosamente, recoge al otro lado.

Aun así, escribir es un ejercicio intenso, en ocasiones obsesivo. Siempre te preguntas qué te estás olvidando, qué se esconde en las penumbras de lo que estás creando.

Cuando tengo dudas, cuando quiero asegurarme de la dirección que estoy tomando, suelo cerrar los ojos e imaginar.

Imagino que el libro que estoy escribiendo es como una sábana.

Imagino que despliego esta gran sábana blanca. Sujeto cada esquina con las dos manos.

Y con un gesto decidido y firme, la sacudo.

Se despliega al viento, inmensa y blanca.

Y de ella salen cientos de pájaros que echan a volar.

Sonrío. Voy por buen camino.

Y así con todo. Puedes imaginar las conversaciones que nunca tuviste. Las disculpas que no llegaron. Las palabras que no supiste decir o las que ahora dirías de otra manera.

Puedes imaginar que esa persona a la que abriste la puerta de tu casa hace años, y que te hizo daño, ese día no entró. Imagina como le cierras la puerta sin rencor, pero con firmeza.

Imaginar no cambia lo que pasó, pero sí cambia algo en ti. Porque al ponerle voz, al visualizarlo con honestidad, reconoces tu parte, creas nuevos escenarios y aprendes lo que había que aprender.

Y en ese acto recuperas algo de tu poder. No para reescribir el pasado, sino como un acto de soberanía emocional, de reescritura simbólica, de reparación desde dentro.

Durante mucho tiempo, pensé que la imaginación era un lujo: algo que cultivaban los artistas, los niños o los soñadores con más tiempo que certezas. Pero he aprendido que imaginar no es un pasatiempo. Es una herramienta de liberación, una brújula interior que nos señala no solo lo que deseamos, sino lo que aún no sabemos que es posible.

Vivimos rodeados de señales, pero tenemos sentidos limitados. Es como si la vida nos hablase en un idioma que apenas alcanzamos a comprender. Escuchas una música lejana, sientes algo que no logras discernir del todo. Intuyes direcciones, recibes señales, pero nunca tienes el mapa completo.

Vivimos en una especie de exilio.

Esa sensación es desconcertante, pero también profundamente humana. Tenemos que darnos permiso para vivir en ese misterio, en esa bruma, sin tristeza. ¡Estamos hechos así!... encerrados en un cuerpo limitado, con sentidos que filtran más de lo que muestran y una mente que se distrae, que teme, que se protege.

Pero eso, imaginar no es un lujo o una distracción: es una necesidad y una guía. Es la forma que tiene el espíritu humano de asomarse más allá de los bordes visibles de su existencia.

La imaginación es muchas veces la puerta de entrada a un lugar más verdadero.

La imaginación, cuando la desplegamos, también es una forma de recordar lo que anhelamos. Platón hablaba del mundo de las Ideas —eterno, invisible, perfecto— que está más allá de todo lo que percibimos con los sentidos. Según él, lo que vemos aquí son apenas sombras proyectadas en la pared de una cueva: imitaciones pálidas de lo que verdaderamente es.

Esta teoría ha fascinado durante siglos a filósofos, artistas y científicos. ¿Y si lo que intuimos como bello o justo no fuese una invención, sino un eco de ese otro mundo? ¿Y si imaginar fuera nuestra manera de tocar lo que en la realidad no acaba de manifestarse? La alegoría de la cueva de Platón y el mito del paraíso perdido —narrado en el Génesis— comparten una intuición poderosa: la sensación de que este mundo es una sombra de algo más verdadero. En ambos casos, el ser humano vive exiliado de una realidad más plena —ya sea espiritual o ideal— y lleva dentro la nostalgia de regresar.

Filosofía y religión, desde lenguajes distintos, coinciden en esa herida de origen: la intuición de que venimos de un lugar mejor y el anhelo de volver a tocarlo.

Esa idea tiene una fuerza tremenda porque responde a una experiencia humana muy profunda: vivimos en lo imperfecto, pero aspiramos a lo perfecto. Nos duelen el desencuentro, la injusticia, el sinsentido... y seguimos soñando con relaciones más plenas, actos más nobles, un mundo más amable.

En la vida diaria, abrazar esta visión no significa escapar de lo real, sino ensancharlo. Significa aceptar que podemos vivir rodeados de límites, pero abrir una puerta —a través de la imaginación— hacia un lugar donde la verdad, la belleza y el bien existen sin fallas y donde somos más libres.

Porque hay muchas formas de estar atrapados sin barrotes en vidas que parecen estables, incluso cómodas, pero que en realidad se han ido estrechando con los años.

A veces no es la falta de amor, ni de salud, ni de trabajo lo que más nos asfixia..., sino la falta de posibilidad. La falta de amplitud interior.

La vida pequeña.

Vivimos atrapados entre lo que somos y lo que en el fondo sabemos que podríamos ser. Y esa distancia, aunque es invisible, pesa, aprieta y duele.

Y ahí, de nuevo, la imaginación nos tiende una mano.

Un día perfecto

Imaginar que vives un día perfecto es un ejercicio sencillo y poderoso. No se trata de imaginar un día idealizado para las redes sociales o para darle envidia al vecino. Es intentar, por un momento, vivir en sintonía con esa otra realidad que intuimos, imaginar un día auténticamente tuyo, en el que vivir como si no tuvieras prisa, como si no tuvieras miedo, como si no tuvieras que demostrar nada.

Un día tuyo.

¿Cómo se hace? Tómate entre 10 y 30 minutos en un lugar tranquilo. Cierra los ojos y comienza a imaginar un día perfecto en tu vida ideal. No se trata de un día extraordinario, sino de un día ordinario en esa vida que deseas. Desde que despiertas: ¿qué sientes al abrir los ojos? ¿Qué ves, hueles, escuchas? Recorre mentalmente tu día: ¿qué haces? ¿Con quién estás? ¿Dónde estás? Especifica y detalla las sensaciones, emociones y actividades.

Escribe tu visión para reforzarla y poder revisarla posteriormente.

Este ejercicio no es solo una fantasía; al visualizar tu día perfecto con claridad, tu mente comienza a trabajar inconscientemente hacia esa realidad. Es una herramienta poderosa para alinear tu vida con tus verdaderos deseos.

La mente, dicen los neurocientíficos, no distingue del todo entre realidad y ficción. Por eso, lo que tememos puede hacernos tanto daño, mental y físicamente. Y por ello este tipo de visualizaciones no son un juego inocente: son una preparación. Les estás dando al cuerpo, a la mente y al corazón una nueva dirección.

Imaginar es dar espacio. Es abrir ventanas. Es interrumpir, aunque sea por un instante, el monólogo automático de nuestros días.

A veces ni siquiera se trata de actuar de inmediato, sino de recordar que hay otras formas de vivir, otros ritmos, otros lenguajes posibles.

A veces basta con hacer una pausa y preguntarse: ¿y si pudiera ser distinto?

La pregunta milagro

En la escuela de psicología de la Terapia Breve se utiliza la imaginación así, como una herramienta clave para el cambio. Una de sus técnicas más conocidas es la «pregunta milagro», en la que se invita a la persona a imaginar cómo sería su vida si su problema desapareciera de repente.

¿Cómo sería tu vida si ese problema no existiese?

Imagínatela. Saboréala despacio.

Este ejercicio ayuda a visualizar una realidad distinta y a identificar pequeños pasos que pueden acercarnos a ella.

Otra estrategia habitual es buscar excepciones: momentos concretos en los que el problema no estaba presente o era menos intenso. Por ejemplo: si suele haber tensión durante las comidas familiares, ¿hubo alguna ocasión en la que esa tensión fue menor?

Tal vez ese día no se sirvió vino... o uno de los miembros de la familia no estaba presente... O tú llegaste con otro estado de ánimo.

Para descubrir estas excepciones, puedes hacerte preguntas como:

—¿Cuándo fue la última vez que este problema no surgió?

—¿Qué era diferente ese día?

—¿Hice yo algo distinto?

—¿Qué elementos contribuyeron a que esa comida fuese más llevadera?

Estas preguntas ayudan a identificar cambios posibles. Al explorar esas rupturas del patrón, las personas descubren que ya poseen recursos internos que pueden fortalecer.

Siempre hay grietas por donde puede entrar un poco de luz.

La imaginación, en este contexto, no es una evasión. Es una forma de pensar en movimiento. Una forma de construir soluciones. Un modo de tomar las riendas.

Imaginar cobra vida propia y te lleva a ver y comprender tu vida de otra forma.

A veces también te ayuda a pasar página, a dejar atrás lo que ya no te sostiene.

¿Cómo saber si es momento de abrirte al presente y al futuro?

Como siempre, lo sentirás primero en el cuerpo.

Incluso cuando la mente se dispersa, se bloquea o se pierde, el cuerpo sabe.

Aunque come bien y empieza a revolotear, mi gorrión pierde plumas. No lo entiendo. El veterinario habla de estrés, de falta de vitaminas y de luz. Su cuerpo está diciendo algo que yo no quiero oír: que está demasiado lejos de lo que necesita.

A veces, el cuerpo lo sabe antes que nosotros. Nos avisa con fatiga, con insomnio, con pérdidas. Hay que aprender a escucharlo, y no siempre esperar a que sea urgente.

Mi gorrión no tiene otro lugar al que ir, pero nosotros —casi siempre— sí.

EL CUERPO SABE

La discusión de la noche anterior a mi primera crisis de urticaria había sido desabrida y desesperanzada, como un viento del norte que anuncia el final del verano. Mi mente aún no se había hecho a la idea, pero mi cuerpo ya estaba en guardia.

En mi interior, desde hacía tiempo, un surco se había abierto despacio, una grieta que recorría la parte invisible de mi piel, horadando un cañón de riberas y paredes profundas. Me traspasaba desde la garganta hasta la planta del pie, y trepaba de nuevo atravesando el ombligo y ensañándose en el corazón, que quedaba acribillado por más laderas y valles pedregosos y áridos.

En torno a este extraño paisaje fue brotando un microclima de agua y hielo, silencioso y amenazante. Durante largo tiempo logré vivir conteniéndolo, como si no existiera. Cuando el frío se hacía sentir, como ocurría con cada vez más frecuencia, lo calmaba como podía con distracciones y olvido.

Pero aquella noche del 12 de marzo, el surco asomó al exterior y empezó a recorrer mi piel por fuera.

Lo miré asombrada.

Los primeros días seguí haciendo mis cosas, como si no pasase nada. Pero el surco siguió respirando y aflorando hasta cubrir mi cuerpo entero de ronchas y placas rojas.

Empezaron semanas en las que la piel ardía y me faltaba la respiración. Estaba en lucha contra mi propio cuerpo. Intenté acallarlo con medicación.

Recuerdo bien el día que terminamos las pruebas médicas en el despacho de la alergóloga. Llevaba semanas tomando corticoides y antihistamínicos, y visitaba regularmente las urgencias del hospital para controlar las crisis de ansiedad.

La doctora me miró pensativa.

—No encontramos la causa de estas urticarias —dijo.

—¿No cree usted que pueda tratarse de algo psicológico? —le pregunté.

Me miró unos segundos en silencio.

—Suele existir un desencadenante, al menos inicial, de tipo alérgico —musitó.

Pero luego añadió:

—Una vez tuve a una señora que estaba muy enferma. No conseguíamos controlar su alergia ni entender lo que la provocaba. Tardamos meses en encontrar la causa.

—¿Y qué era? —quise saber.

—Era alérgica al vello del cuerpo de su marido —contestó despacio, mirándome con intención.

Fue un momento esclarecedor.

El cuerpo sabe.

La relación en la que llevaba años atrapada se había vuelto, literalmente, insoportable.

Prefería morir.

Sentí un inquietante desasosiego porque me di cuenta de que mi cuerpo estaba en guerra con mi mente. Mi cuerpo estaba siendo clarividente y mi mente, negacionista y torpe.

El cuerpo sabe, sin más. Mientras la mente se enreda en sus ilusiones, el cuerpo es sensato y directo.

No tiene palabras ni construcciones abstractas tras las que esconder sus verdaderas emociones. No puede, ni necesita, justificarse. No niega la evidencia.

La negación es un mecanismo de defensa humano corriente. Nos evita enfrentarnos a verdades incómodas y a emociones difíciles. Puede ofrecer un alivio temporal, porque de entrada mantiene a raya parte del dolor emocional..., pero al final el remedio es peor que la enfermedad: el problema crece o se enquista.

Como la negación no puede borrar el malestar emocional, este sigue allí, soterrado, y quien lo alberga suele sentir creciente incomodidad, enfado o ansiedad.

No has conectado aún el malestar con su causa directa y real. La has aparcado en un lugar donde no llegan ni el aire ni la luz. Palpita y crece como un cáncer.

Mientras no consigas darle semáforo verde a esa emoción, reconocerla y expresarla con honestidad, aumentará su volumen y dolerá más y más.

A veces los amigos o familiares se dan cuenta de que vivimos negando la realidad y nos avisan de ello. Generalmente no los escuchamos, así que dejan de avisar.

A toro pasado, solemos exclamar: «¿Cómo no me daba cuenta? ¡Pero si todo el mundo me lo decía!».

El cuerpo, en cambio, sigue avisando, porque carga día y noche con una energía incómoda de la que se quiere librar. Una y otra vez manda señales: una sensación difusa de que algo va mal, una crisis de ansiedad, un ataque de ira que te avergüenza, un sueño que te sobresalta, un pensamiento recurrente o un dolor físico cuya causa no logras diagnosticar, por más que lo intentes.

O una urticaria interminable mientras no termine la relación.

Como un amigo leal, mi cuerpo me había hablado discretamente durante años. Lo había ignorado demasiadas veces y durante demasiado tiempo. Al final, tuvo que expresarse a gritos para despertarme de mi largo ensueño.

A partir de aquella experiencia empecé a comprender algo más amplio: muchas veces solo cambiamos cuando el dolor se vuelve insoportable.

Por qué cambiamos más fácilmente cuando sufrimos

En vez de ponernos manos a la obra para mejorar nuestras circunstancias, los humanos tendemos a adaptarnos y a resignarnos.

Solo los optimistas, aquellas personas con una predisposición genética o aprendida a mirar el futuro con esperanza, tienden a mejorar deliberadamente sus condiciones de vida. Por eso suelen ser más felices, gozar de mejor salud y disfrutar de relaciones sociales más ricas que el resto. No porque la vida los trate siempre mejor, sino porque creen que su propio esfuerzo puede cambiar su destino. Salen por su propio pie, y no a empujones, como el resto.

Los demás solemos acomodarnos en nuestras vidas hasta que el sufrimiento que nos generan nuestras relaciones y circunstancias las torna insostenibles.

En este sentido, por desagradable o doloroso que resulte, el sufrimiento es una señal clara y útil, porque indica que debemos cambiar.

«No estarás bien hasta que cambies», parece decirnos.

Como una herida que pica y escuece para evitar que la descuidemos, el sufrimiento nos empuja a mirar hacia adentro, a cuestionar nuestras elecciones, nuestras relaciones y nuestros silencios.

En su centro habita el germen de nuestra transformación.

La vida es difícil

Los humanos somos una especie compleja y emocional, atrapados en una existencia caótica y exigente.

El sufrimiento es más común de lo que quisiéramos.

A veces, proviene de molestias menores, casi cotidianas: el mal tiempo, un atasco, una discusión, un familiar que nos incomoda. La envidia, la pereza o los descuidos también siembran pequeños malestares.

Pero la vida trae también grandes sufrimientos: pérdidas, enfermedades, carencias profundas. A estos nos adaptamos como podemos.

Cuando el sufrimiento es agudo o se repite de forma persistente, puede abrir en nosotros una herida difícil de cerrar, con tentáculos que afectan a nuestra vida entera: la salud física y mental, las relaciones, la imagen que tenemos de nosotros mismos.

Las experiencias traumáticas no son siempre eventos excepcionales, circunstancias extraordinarias como una guerra, sino que pueden darse en cualquier lugar.

El abuso sexual y la violencia son fuentes corrientes de trauma. Estos afectan desproporcionadamente a mujeres y niñas y explican, al menos parcialmente, las tasas más altas de diagnóstico de trastorno de estrés postraumático entre estas.

A lo largo de la vida, existen muchas otras fuentes de trauma, físicas, sexuales o psicológicas. Los datos son reveladores:* en todo el mundo, millones de niños han crecido en hogares marcados por el abuso, la violencia o el alcoholismo, y una de cada tres mujeres ha sufrido violencia física o sexual.

Estas heridas invisibles moldean silenciosamente nuestras vidas, afectando a la salud, las relaciones y la confianza en uno mismo.

Sufrimos además desastres naturales como los huracanes, las inundaciones o los terremotos; también la violencia doméstica, la violencia en las calles, la violencia por armas o agresiones, los accidentes de coche, los robos y las intimidaciones, la muerte o la enfermedad de un ser querido, un estrés persistente en el hogar y el acoso, las amenazas o el *bullying*.

El cuerpo es el guardián de estas heridas emocionales. Las almacena y las expresa con un lenguaje físico. Te avisa de cómo te sientes, te recuerda quién eres, cuáles son tus vulnerabilidades y cómo evitar lo que te hizo daño.

* Organización Mundial de la Salud (OMS) y UNICEF, datos globales sobre violencia y adversidades en la infancia, 2017-2022.

Reaccionamos físicamente a cada ambiente y situación cotidiana.

Algunas reacciones son simples muestras de empatía, de nuestra capacidad para sentir por los demás:

Cuando ves a un escalador en una película descolgado en la ladera de una montaña y *sientes cosquillas en el estómago*.

Cuando imaginas que partes un limón en dos y que le pegas un mordisco a una mitad jugosa y agria, y *sientes la saliva en la boca*.

Cuando te cuentan una desgracia ajena y *se te llenan los ojos de lágrimas*.

Pero el cuerpo también nos habla cuando algo va mal, sobre todo en situaciones de abuso o miedo. En las relaciones abusivas, el cuerpo expresa su malestar de forma constante:

Cuando te llama insistentemente por teléfono y *ver su nombre en la pantalla te pone la piel de gallina, y te dan ganas de salir huyendo*.

Cuando estás en un hospital, abres los ojos y *ves frialdad en su mirada, y se te encoge el corazón*.

También en situaciones cotidianas de incomodidad o amenaza, el cuerpo reacciona antes de que podamos ponerlo en palabras:

Cuando en un transporte público notas que *alguien te mira fijamente de manera intimidatoria y se te acelera el corazón mientras buscas una salida cercana.*

Cuando en una clase universitaria *un profesor te ridiculiza ante los demás, y sientes un nudo en el estómago y la mandíbula apretada.*

Cuando un *cliente furioso te señala agresivamente y sientes tus músculos tensos*, como si estuvieras listo para huir.

Cada pequeño temblor, cada respiración contenida, cada acelerón del corazón es una señal.

El cuerpo avisa. El cuerpo sabe.

Tu cerebro tiene un detector de humos

Si repites situaciones que te hirieron en el pasado, es posible que tu cuerpo grite en vez de susurrar. Como tú, está cansado de sufrir y teme lo peor.

Imagina que vuelves a casa de noche, caminando deprisa por una calle solitaria.

De pronto, oyes a un grupo de hombres que gritan a lo lejos. ¿Estarán borrachos?

Se activa tu detector de humos emocional: tu cerebro emocional dispara la alerta sin necesidad de órdenes conscientes.

Liberas un subidón de adrenalina, dopamina y cortisol. El corazón se acelera. Respiras más deprisa. A pesar del frío, sudas levemente.

Aguzas el oído para entender qué está pasando. Cuando finalmente oyes las voces —están celebrando una despedida de soltero, algo alborotados pero inofensivos—, tu cerebro racional interviene: «No parecen peligrosos».

El sistema nervioso se calma. El pulso baja. La respiración se alarga. Sigues tu camino.

Pero si en el pasado sufriste una agresión, el trauma anidado en tu cerebro emocional impide que la calma llegue.

Estás paralizado en la acera, las sienes te laten, no puedes pensar con claridad. Solo quieres huir.

El detector de humos sigue disparado, enviando señales de peligro. La desconexión entre tus centros emocionales y racionales se agudiza, y gestionar la situación se vuelve casi imposible.

Para quienes arrastran estrés postraumático, la alerta puede dispararse ante cualquier detonante: un edificio, un grito, un color, un olor... Cualquier recuerdo puede revivir el miedo de forma intensa.

La buena noticia es que hoy sabemos que el trauma puede sanar. El estrés postraumático no tiene por qué ser una condena para toda la vida.

En cualquier caso, tanto si el sufrimiento es pequeño como grande, el cuerpo es la tabla de resonancia de lo que sientes. Te avisa cuando algo es incómodo o peligroso. Te ayuda a decir que no.

El cuerpo sabe.

Nuestros cuerpos están vivos: sienten y hablan con nuestros pensamientos y emociones, incluso las más escondidas. Las convierten en gestos, en sensaciones físicas.

Para comprender su lenguaje, para escucharlo, es importante tomarse el tiempo de estar tranquilos y observarse.

Hazlo. Restablece el diálogo entre tu mente y tu cuerpo. Mira hacia adentro, escúchate: comprender las señales del cuerpo es fundamental para conocerte, para tomar buenas decisiones, para sanar tus heridas.

Descubrirás que tu cuerpo no es un extraño: es una parte sabia de ti mismo.

Para aprender a hablar su lenguaje, pregúntate: ¿te está recordando alguna experiencia desagradable? ¿Cuál fue? ¿Cómo te sentiste entonces y cómo gestionaste ese sentimiento? ¿Qué harías diferente ahora?

¿Recuerdas alguna vez en que te sentiste pletórico, feliz, ilusionado? ¿Cómo se sentía tu cuerpo entonces? ¿Qué generaba esa sensación? ¿Cómo podrías cultivarla de nuevo?

Nuestro cuerpo cambia y aprende con nuestras vidas cambiantes. Necesita que lo cuidemos, pero solemos reprocharle fácilmente que duela, que se canse, que enferme o envejezca..., como si no fuera parte inseparable de nosotros.

Hazte amigo de tu cuerpo: cuídalo, escúchalo, aliméntalo bien, ejercítalo, mímalo y quiérelo, como lo harías con un buen amigo. Te lo devolverá con creces.

Tu cuerpo es tu recurso interno más intuitivo, certero y sabio. Te ayudará cada día a detectar problemas y a despertar a la realidad.

Y para fortalecer ese cuerpo sabio —a veces cansado— puedes hacer algo fundamental: crear espacios emocionales y físicos donde pueda crecer la alegría.

Es una emoción única, fértil, frágil... y profundamente curativa.

El gorrión crece y ya no quiere estar en la bañera. Le he construido en el centro del baño un árbol de mentira: es un perchero de Ikea cubierto de ramas. Una de ellas entra directamente en su jaula, siempre con la puerta abierta. Y él, entre el miedo y la curiosidad, sale a dar pequeños saltos. No vuela aún, pero juega a volar.

Yo me siento en el borde de la bañera y lo animo: ¡más lejos, venga, un poco más! Y cuando salgo del baño, me llama piando, una y otra vez. Vuelvo a asomarme, y entonces repite el salto, como si quisiera mostrarme que puede, que quiere.

Mi gorrión está descubriendo el juego, el riesgo, la alegría. Y yo estoy ahí, en el borde de la bañera, celebrando con él cada salto diminuto como si fuera un gran vuelo.

LA BRÚJULA DE LA ALEGRÍA

Estoy en Sri Lanka, una pequeña isla budista acurrucada a los pies de la India. Camino por las calles de un pueblo a la orilla de la carretera. La acera desaparece de vez en cuando y hay baches por todas partes. Me rodean la oscuridad, el ruido y un olor acre a agua sucia y orina.

He venido con unos amigos a celebrar una transición invisible: empiezo a sentirme de nuevo en casa dentro de mí.

Me adentro en una partitura llena de consonancias y disonancias. En la suciedad refulgen los saris de las mujeres, verdes y azules intensos, rojos, amarillos y rosas vibrantes que aparecen y desaparecen en medio del caos. Deslumbra esta belleza inesperada. La mirada de los perros tristes me acongoja. Flacos y sarnosos, clavan sus ojos en los míos al pasar. Piden comida y un poco de humanidad. Llevo restos de la cena en los bolsillos, arroz y fideos apretados en una servilleta. Se acerca, demasiado tarde, una perra hambrienta que acaba de tener cachorros. Cuelgan sus mamas tensas y busca desesperada algo de comer antes de regresar a su camada. Ya no tengo nada, nada, nada. Estoy desolada. Me mira fijamente antes de salir disparada, sin tiempo para rogar. No puedo olvidar su mirada.

Aquí todo es igual pero más descarnado que en casa. Me asombra la rapidez de los contrastes, esta contienda abierta y continua entre la vida y la muerte. Como en todas partes, hay vida y hay muerte, hay esperanza y hay desesperanza, pero el tránsito es más rápido, y el proceso de putrefacción está a la vista, sin distracciones ni falsas vergüenzas.

La primera verdad del budismo es que la vida es sufrimiento. En estas calles atiborradas hay mucho sufrimiento, pero la vida se hace soportable porque la suciedad se mezcla con la belleza y el sufrimiento con la alegría.

En esta isla redescubro que la alegría no excluye el dolor y el sufrimiento. La alegría llega a deshora y a destiempo, a ratos, a ráfagas, inesperada. Cualquier expresión de alegría atrapada al vuelo ayuda a que la realidad sea soportable. No resucita a un muerto pero da paso a la esperanza y mantiene en marcha la rueda de la vida, que gira salpicando a la vez alegría y sufrimiento.

Los humanos no estamos dotados para la felicidad. Estamos programados para sobrevivir y reproducirnos.

La naturaleza se resiste a que nos deleitemos en la alegría o la serenidad porque teme que bajemos la guardia ante posibles amenazas a nuestra supervivencia.

Nuestro cerebro antiguo se imagina siempre inmerso en el mundo prehistórico para el que fue creado: un mundo donde la supervivencia es brutal y literal, donde es probable que te ataque un animal salvaje, que te envenenes con una fruta, que bebas agua contaminada o caigas en manos de un enemigo cruel. En ese mundo, la alegría es un lujo biológico y, a su entender, es una pésima estrategia de supervivencia.

La misteriosa inteligencia que nos mantiene vivos está en guardia. La felicidad permanente no tiene una base biológica.

La búsqueda humana de la felicidad ni siquiera cuenta con una base neurológica, como sí tiene tantas otras habilidades. De hecho, siglos de evolución del cerebro humano han dado prioridad, por encima de la felicidad, a una gran corteza prefrontal dedicada a habilidades ejecutivas y analíticas.

La naturaleza tampoco ha creído oportuno borrar la depresión o los pensamientos rumiantes, obsesivos y circulares, a pesar de que ambos presentan desventajas obvias de cara a la supervivencia. Probablemente se mantienen porque son útiles en tiempos de adversidad: nos incitan a resolver problemas o alejarnos de situaciones de riesgo o sin salida.

Si añadimos a esta tendencia biológica innata el hecho de que tenemos una extraordinaria capacidad para adaptarnos a circunstancias muy difíciles, entonces comprendemos más fácilmente por qué somos capaces de soportar situaciones personales, afectivas, laborales y familiares que nos hacen infelices.

Para colmo, a medida que los humanos vamos conformando nuestro cerebro adulto, nos alejamos aún más de la alegría. Si cuando éramos niños la podíamos despertar a voluntad, jugando, cantando o explorando, cuando somos adultos olvidamos el placer de las pequeñas cosas que antes nos daban alegría. Nos ausentamos mentalmente de nuestras vidas cotidianas: nos lavamos los dientes, pero lo hacemos pensando en un proyecto sin terminar; pelamos una manzana recordando una pelea con nuestro hijo adolescente; nos duchamos preocupados por una reunión de trabajo estresante...

Toda la alegría que vuelcan los niños y las demás especies en los pequeños momentos y alegrías cotidianos, en el presente, se la lleva por delante nuestro sofisticado cerebro humano adulto, empeñado en preocuparse por un futuro incierto y en recordar un pasado que nos hizo daño.

Cuando llegas a la madurez, casi todos cargamos con alguna pérdida, alguna responsabilidad pesada, alguna medida de agotamiento, decepción o miedo.

Con el paso de los años se embota nuestra capacidad para reconocer y disfrutar de la alegría.

Al final, la olvidamos.

Tengo un amigo de infancia —gran aficionado al *birdwatching* o, como él prefiere decir, pajarero de vocación— que llevaba meses buscando rarezas aladas por media península. Desde una collalba desértica en Almería hasta un escribano pigmeo perdido en Burgos, había recorrido más kilómetros que un zorzal migratorio, con sus prismáticos al cuello.

Me llamó para decirme que le apetecía venir a visitarme y me di cuenta de que estaba atravesando un mal momento. Así que le dije:

—Ven a Galicia, a mi frutería.

Se presentó en mi casa al cabo de una semana y, nada más llegar, lo dejé en el pequeño salón con un edredón suave, una pila de películas divertidas y la nevera llena. Los dos primeros días no dijo ni pío. Dormía, paseaba por la playa y hablaba poco.

Pero al tercer día... pasó. Se le bajaron los hombros, soltó una risa y, mientras pelaba una mandarina, dijo:

—¿Sabes que suena un poco como el gorjeo de una golondrina?

Volvía a sonreír y a respirar más profundo.

—Esta es tu señal, Leo —le dije—. Ahora no vas a seguir el rastro de una golondrina, vas a seguir el rastro de la alegría que habías perdido. Y la primera señal de que la alegría ha vuelto es cuando tu cuerpo se relaja. ¡Recuerda esta sensación!

A menudo complicamos nuestras decisiones cotidianas, pero, excepto en contadas emergencias, la alegría suele ser la prueba más sencilla y directa para saber si algo merece la pena.

¿Esto me da alegría? Entonces, hago más de esto. ¿Esto no me da alegría? Entonces lo evito.

¿Por qué algo tan sencillo nos cuesta tanto?

Desconfiamos de la alegría, y esa desconfianza se debe tanto a nuestra biología como a nuestra educación.

Pocos días después, tuve una conversación telefónica con otra persona muy querida, también algo perdida, como Leo. Ella estaba abrumada porque tenía que tomar una decisión y no sabía qué elegir. Durante largo tiempo escuché su voz al otro lado del teléfono. Desgranaba una a una las posibles cosas que podía hacer en esa bifurcación de caminos en la que se encontraba. El monólogo se alargó. Yo escuchaba paciente.

—¿Qué crees que debo hacer? —me preguntó después de mucho rato.

¡Por fin! Yo lo tenía clarísimo, pensé. Sonreí al imaginar la sorpresa que se iba a llevar.

—Lo tengo clarísimo —repetí en voz alta.

—¿Ah, sí? —Percibí la sorpresa en su voz—. Pues, dime, ¿qué hago?

—Es muy fácil. Elige lo que te da más alegría —le respondí.

Hubo unos segundos de silencio al otro lado del teléfono.

—¿En serio?

—Sí.

—¿Pero cómo?

—De todas las opciones que me has presentado, ¿alguna te da alegría de verdad?

—Sí, eso lo tengo clarísimo.

—Pues haz eso.

—¿Y ya está?

—¡Ya está!

—¡Pero si ni siquiera me preguntas qué elijo!

—Es que no importa. Todas las opciones que has descrito son sensatas. Lo importante es que la que elijas te haga feliz.

Ella aún estaba dubitativa. Insistí de nuevo.

—Has hecho muchos esfuerzos y sacrificios por el trabajo, la familia, por tu pareja... Llevas años anteponiendo todo eso, ¿verdad?

—Sí —me dijo.

—Pues sé feliz. Es lo que te falta. Es un agujero enorme, y no veo razón alguna para no colmarlo.

—¿Así de fácil?

—Así de fácil.

Hay muchas razones que nos aconsejan utilizar la alegría como una brújula para tomar decisiones, pequeñas y grandes. Sin embargo, perdemos tanto el contacto con la alegría que la posibilidad de dejarnos guiar por ella suele descolocarnos.

«¡No puedo hacer lo que me da la gana! ¡No puedo ser frívolo!», protestan muchas personas cuando se les propone esa salida.

Estamos tan profundamente condicionados para llevar las vidas que los demás —la sociedad y nuestras familias y comunidades— nos marcan, estamos tan acostumbrados al sufrimiento y a vivir por debajo del umbral de la alegría, que olvidamos que esa forma de vivir es, en buena medida, una elección aprendida. O más bien una indefensión y una desesperanza aprendida.

Las mujeres en particular aprendemos desde pequeñas a vivir condicionando nuestras vidas al bienestar y a las necesidades de los demás. Renunciamos a dejarnos guiar por la alegría y por una pulsión vital que deberían ser nuestra referencia lógica e instintiva.

Para recuperar la alegría, hay al menos dos caminos claros:

El primero, si eres mujer, es hacer prácticas conscientes para pensar y vivir como los hombres: con fiero egoísmo y confiado narcisismo. Así suavizaríamos los siglos de programación que nos relegan a vivir al servicio de los sentimientos y las necesidades de los demás.

El segundo es entrenarte pacientemente para encontrar alegría en todos los rincones de tu vida, convencerte de que no debes abandonarla bajo ninguna excusa. No esperes a un futuro mejor o a circunstancias más propicias.

Esto, que parece sencillo, no es fácil de lograr para muchos de nosotros. Nos han entrenado para lo contrario.

Existe otro obstáculo potente que impide la alegría: las verdades que nos negamos a reconocer. Todos hemos experimentado la sensación, cuando la vida nos niega algo, de sentirnos como un pájaro enjaulado, batiendo las alas sin sentido, chocando una y otra vez contra los barrotes.

Nos duele que eso que deseamos tanto no encaje, no fluya. La negativa aturde, hace daño. Crees que no lo entiendes. Pero a menudo, lo que nos mantiene atrapados no es la situación en sí, sino nuestra resistencia a reconocer lo que hay detrás. No queremos sentarnos a llamar a las cosas por su nombre, a aceptar el miedo, el rechazo, la pérdida o esa verdad que duele pero que ya intuimos.

Como cuando alguien no quiere estar contigo y, en el fondo, sabes que tiene que ver con la imagen que proyectas: que no eres lo bastante joven o lo bastante atractivo para sus ojos, entrenados por una sociedad que idealiza la juventud y el atractivo.

Duele admitirlo, pero entenderlo también pone las cosas en su sitio: no es que no valgas, es que el deseo del otro está condicionado por prejuicios y elecciones que no puedes ni necesitas cambiar.

O cuando no te eligen para un trabajo que te importaba y, tras darle muchas vueltas, comprendes que no es por falta de talento, sino porque no encajas en la lógica de ese entorno: porque hablas claro, porque no haces política, porque te cuesta fingir.

Te duele, pero ya no te lo reprochas. Lo ves.

O cuando una amistad se enfría sin motivo aparente, y al sentarte contigo descubres que tu intensidad incomodaba, que esperabas más de lo que esa persona quería dar.

No es culpa de nadie. Pero nombrarlo te alivia.

O cuando te empeñas en una relación que no avanza, y comprendes al fin que esa persona no tiene miedo al compromiso, como pensabas: simplemente no lo quiere contigo. No por maldad, sino porque su deseo no está ahí. Y aceptarlo, aunque arranque lágrimas, también arranca la trampa.

Mirar las cosas de frente requiere valentía. Pero cuando al fin lo hacemos —cuando nos decimos «esto es lo que hay, y sí, me duele»—, algo dentro se ordena. El aire cambia. Aceptar la realidad no la embellece, pero nos libera.

Y de pronto la jaula se abre. Solo entonces, desde ese espacio claro, puede volver a asomar la alegría.

Muchos nos entrenamos para esa jaula desde la infancia. Acabamos acostumbrándonos a ella.

Cuando yo era niña, creía que cuando fuese adulta podría abandonar en manos de los adultos que me rodeaban todo el estrés y las preocupaciones que me contagiaban a diario.

Pero cuando me hice adulta, ya era tarde: me había convencido de que ser adulto es cargar con una cuota inevitable de infelicidad. Arrastré mi carga durante años, responsable y resignada.

Es una carga que no le sirve a nadie: solo perpetúa la infelicidad colectiva. Quedarme donde no debía quedarme, aguantar cosas inaceptables por una supuesta lealtad o por lástima a algo o alguien, aceptar el aburrimiento o la tristeza como una parte íntegra de la vida... es como un dogma aprendido, una certeza heredada que nunca me detuve a cuestionar.

Si has tenido una infancia básicamente feliz, te será fácil recuperar el pulso de la alegría, porque naciste con él.

Ningún niño espera de la vida resignación y limitaciones. Todos llegamos expectantes y reclamamos confiadamente nuestro derecho a disfrutar y pertenecer.

Pero si tu infancia no fue feliz, ni siquiera recordarás cómo te sentías cuando te sentías bien.

Si es así, enhorabuena, porque tienes un aprendizaje maravilloso por delante. Como un bebé que aprende a hablar, ten la paciencia de reaprender que puedes ser más feliz de lo que eres. Puedes llenar tu vida de más alegría. Puedes respirar más hondo, sentirte mejor. Puedes levantar la vista y ver que han vuelto las golondrinas, y con ellas la primavera. Escuchar de pronto como suenan las campanas al vuelo. Sentir como una tormenta inesperada refresca una noche de verano. A veces basta con estar presente para que algo dentro de ti se aligere y se alegre. Tu alegría te hará bien y les hará bien a los demás. Tu simple presencia, si irradia más alegría, los contagiará.

Cuestionar cómo vives, y si la alegría lleva la voz cantante en tus decisiones cotidianas, es una forma eficaz de cambiar tu vida a mejor.

La alegría no es solo placer o distracción. Es confianza, creación, conexión, asombro y amor a la vida.

Recuperar la capacidad para la alegría es como echar raíces en una fuente profunda y reparadora.

Si pudiera volver a empezar, haría esto diferente: aceptaría la carga de sufrimiento inevitable que trae la vida, pero desecharía la carga gratuita, la inventada, la impuesta, la carga que viene de decisiones sin cuestionar y los pesados prejuicios individuales, familiares y colectivos.

Esa sola elección cambiaría mi vida entera a mejor.

Cada día, como un niño, intento mirar el mundo con ojos nuevos. Me pregunto: ¿es esto realmente necesario? ¿Es este sufrimiento inevitable?

La búsqueda de las alegrías diminutas

Para entrenarnos en recuperar el disfrute de la alegría, existe una práctica llamada «la búsqueda de las pequeñas alegrías».

Esta práctica busca la alegría a una escala menos ambiciosa. Invita a las personas a dejar de intentar atrapar grandes alegrías hipotéticas y a fijarse en cambio en cosas muy pequeñas que ya traen alegría a nuestras vidas, pero que desperdiciamos porque nuestro cerebro, programado para sobrevivir, tiende a pasarlas por alto.

Esta estrategia me recuerda las palabras del neurólogo Daniel Siegel cuando dice que «el cerebro es como velcro para lo negativo, y teflón para lo positivo». Las pequeñas alegrías «resbalan» por nuestro cerebro programado para sobrevivir y se desperdician...

La psicóloga chilena Pilar Sordo cuenta la historia de un paciente suyo, un hombre ciego que le enseñó una de las lecciones más luminosas sobre la alegría. Ella siempre pedía a sus pacientes que apuntasen, para su primera consulta, todo lo que les daba alegría. Pidió lo mismo a su paciente invidente. Ese hombre regresó a la consulta al poco tiempo con un listado amplísimo, mayor del que Pilar había visto hasta entonces.

El aroma del café recién hecho o del pan tostado por la mañana.

El roce de las sábanas limpias.

El sonido de las hojas moviéndose con el viento en un día tranquilo.

La sensación de un rayo de sol cálido en tu piel cuando hace frío.

Escuchar a un ave bañándose en un charco o alimentándose en un árbol.

Encontrar algo que creías perdido, como una moneda en el bolsillo de un pantalón viejo.

El primer bocado de algo que realmente te gusta, ya sea un postre o tu plato favorito.

Una caricia de un ser querido.

El momento en que algo que aprendiste hace tiempo de repente encaja y tiene sentido en tu vida diaria.

Escuchar tu canción favorita por casualidad en la radio o en un lugar público.

El olor de la tierra después de la lluvia o del césped recién cortado.

El crujido de una hoja seca bajo tus pies al caminar.

La calidez de una taza caliente entre tus manos en un día frío.

El primer sorbo de agua fresca cuando tienes mucha sed.

Un mensaje inesperado de alguien que aprecias.

Escuchar la risa auténtica y despreocupada de un niño.

Lograr deshacer un nudo difícil, ya sea en un cordón o en tu mente.

Quedarte unos minutos más en la cama, solo escuchando el silencio.

Aquel hombre había desarrollado una sensibilidad especial para saborear lo esencial y lo más desapercibido. En un mundo saturado de estímulos, había aprendido a detenerse, a escuchar con el cuerpo, a vivir con los sentidos despiertos.

No hay una sola forma de conjurar la alegría. Hay alegrías silenciosas, que se celebran hacia adentro, y otras inesperadas, que nos arrastran como una ola.

Todas caben. Todas valen.

Lo viví hace poco, en un momento inesperado en el que la alegría me desbordó. No la busqué, no la trabajé: sencillamente estalló. Y de esa alegría súbita nació este poema...

Amour fou
(Oda a la alegría)

A veces la alegría no se cultiva
no se trabaja
no se busca.
Simplemente estalla
sin ton ni son
sin sentido.

Ya no quiere ser pequeña, útil o modesta.

Ahora es latigazo, trueno, un soplo de vida.

Una cuerda en la nada.

Y yo el náufrago que la agarra al vuelo
¡no la suelto!... Es el destino que me arrastra.

Buscaba sin saber bien qué
y le susurré al viento... ¡quiero una oficina!
para un proyecto que solo existía en mi cabeza
pero que ya me llena
como un amor

de esos
que llegan
sin avisar
sin respirar.
Un amor desenfrenado,
amour fou.

Y la encontré. En Vallecas.
Aquí estoy, en mi oficina vacía,
en este templo accidental,
en este umbral,
sentada en una vieja silla.

Somos uno.
La calle, los cantos y las penas.
La noche oscura.
El kiosco sin flores.
El travesti que vocifera.
La escandalosa churrería.
Y yo sola, en esta vieja silla.

La alegría es estar sin nadie y aun así
sentir que todo el universo está contigo.
Eres el árbol que asoma por la ventana.
Eres la paloma gris en el alféizar.
Eres las nubes que se agolpan y se dispersan,
y tú vas con ellas, viva, orgánica.
Vuelves a latir,
a expandirte y encogerte
como una respiración profunda.
Al fin despiertas.

La alegría es soltar lo que pesa,
dejar una huella de aire y
un tornado de emociones.
Y de salto en salto, como un corredor de fondo,
agrandar la zancada
hasta ponerte casi en vertical.
Salir del olor acre de la muerte,
de la tristeza,
de lo que ya no va contigo.
Dejarlo todo atrás como una vieja piel.

Y volar.

Reaprender a tener la alegría por brújula vital exige tiempo y atención para poder limpiar la mente y los sentidos de los prejuicios aprendidos a favor del sufrimiento. Es un aprendizaje que nos enseña a dejar de justificar la infelicidad.

Para acelerar el tránsito a esta vida más auténtica, existe una estrategia, radical pero eficaz, que detecta sobre qué mentiras hemos construido nuestra vida.

Esta estrategia te ayuda a detectar tus propias mentiras, comprender lo que te atasca en el sufrimiento y empezar a vivir de cara a la verdad.

El gorrión ha empezado a comer solo: semillas, fruta, pequeños gusanos secos... Pero a mí me cuesta dejar de darle la papilla. Me da miedo que pase hambre, que no sepa aún.

Él al principio acepta alguna jeringuilla de papilla, por no llevarme la contraria, creo. Pero al cabo de unos días, definitivamente no quiere más. Y entonces hace algo clarísimo: abre el pico, agarra la jeringuilla con fuerza... y deja que toda la papilla se le escape por las comisuras.

Aunque estoy preocupada por él, me enternece su descaro y me río...

Me mira fijamente, como diciendo: te lo estoy diciendo..., ¡ya no necesito esto!

Y lo expresa con una firmeza tan serena, tan divertida y clara que me deja sin argumentos, un poco avergonzada, como cuando mi hija pequeña me dice, con razón, que soy una madre helicóptero.

Es un pajarillo de semanas, pero está recordándome la importancia de decir no y de reclamar al otro que te escuche.

365 DÍAS PARA DECIR LA VERDAD

En la obra de Shakespeare *Julio César*, la mujer de César le suplica que no vaya al Senado. Ha soñado que allí es donde van a apuñalarlo. Así que cuando un emisario viene a buscarlo a su casa para pedirle que vaya al Senado, César le dice:

—Dile al Consejo que César no irá al Senado.

—Decir que no puedo ir sería una falsedad.

—Decir que no me atrevo es aún más falso.

—No, ve y dile al Consejo que César NO QUIERE IR.

Ese, afirma la psicóloga Martha Beck, es el modelo que nos debería inspirar para aprender a decir que no.

Aprender a decir que no es retomar el control de nuestra vida, poner límites claros y conectar interiormente con lo que nos hace sentir bien y con lo que necesitamos.

Sin embargo, la mayor parte de nosotros, cuando queremos decir que no, nos hacemos las víctimas y ofrecemos excusas como «quisiera hacerlo, pero no puedo». Nos escudamos tras excusas inventadas y mentiras.

Para aprender a decir que no, habría que eliminar las expresiones «no puedo» y «tengo que» de nuestra forma de hablar. En vez de eso, habría que acostumbrarse a decir más bien «Quiero hacer esto... No quiero hacer esto... Yo decido... Yo elijo... Yo haré esto o lo otro».

El uso deliberado de esta forma de hablar ayuda a las personas a salir de la depresión, que es, en buena medida, la sensación de pérdida de control de nuestras propias vidas.

Decir que no a menudo implica dejar de mentir a nosotros mismos y a los demás.

Dejar de decir mentiras fue precisamente la forma que Martha Beck eligió para salir de un bache vital que sufrió a los veintinueve años.

Martha vivía en Utah, en una comunidad mormona. Llevaba doce años crónicamente enferma con depresión y trastornos autoinmunes. Vivía esforzándose por hacerlo de acuerdo con su cultura de origen, pero sentía que vivía contra sus propias creencias. Decía sí cuando hubiese querido decir que no.

Dejar de vivir contra nuestras necesidades y nuestros instintos requiere ante todo que dejemos de mentirnos y de mentir a los demás.

Así que Martha decidió que, durante un año entero, no mentiría nunca: decidió regalarse 365 días para detectar sus propias mentiras y aprender a decir la verdad.

Al cabo de un tiempo, se dio cuenta de que sus mentiras no eran acerca de lo que hacía, sino que eran acerca de cómo se sentía.

Así que cuando la gente le preguntaba: «¿Cómo estás?», empezó a contestar: «No estoy bien».

¡Era la verdad!

«Hazlo simplemente durante un par de días. No digas ninguna mentira, de ningún tipo, a nadie. Y muy pronto cada relación que tienes, profesional o personal, donde haya algo de secretismo o de falta de verdad, empezará a desmoronarse. Y luego explotará.»

¡No fue fácil!

«Mi comunidad mormona me desterró... Mi familia dejó de hablarme... Mis siete hermanos, sus parejas, mis sobrinos, mis amigos de infancia... los perdí a todos. Me di cuenta también de que era homosexual, así que mi matrimonio se rompió. También dejé mi trabajo porque, aunque amaba la universidad, detestaba el politiqueo académico... ¡Todo desapareció cuando dejé de mentir! Lo único que me quedó fue la certeza de que ya no iba a mentir más.»

La historia de Martha Beck ilustra hasta qué punto el miedo a la verdad puede moldear y condicionar una vida entera. No es solo su historia: es la historia de muchos de nosotros.

Afortunadamente, la adversidad tiende a deshacer como un azucarillo todas aquellas ilusiones que ya no nos sirven.

¿Por qué nos cuesta dejar de mentir y decir que no?

Mentimos y evitamos decir que no por miedo al conflicto, a la confrontación, al abandono o al rechazo. Somos seres profundamente sociales. Intentamos amoldarnos a las necesidades y exigencias de los demás.

Desde pequeños nos enseñan a que la palabra *no* es maleducada, desconsiderada. Para que nos acepten socialmente, sentimos que hay cosas que tenemos que hacer. Nos entrenamos a decir sí, cuando queremos decir no.

Las mujeres en particular tienden a valorar e identificarse con la conexión y la compasión. Aprendemos sistemáticamente a ignorar nuestro instinto en favor de la ayuda a los demás. Estamos entrenadas para sacrificarnos a costa de lo colectivo.

Lo cierto es que tantas cosas dependen de que una mujer se haga cargo y sostenga una carga cualquiera, sin importar cómo se siente ella.

Por eso, cuando una mujer se atreve a desplegar sus alas —cuando dice «no puedo más» o «quiero otra vida»— muchas personas lo viven como una amenaza, porque ella deja de sostener lo que otros no están dispuestos a mirar o a sostener por sí mismos.

Hay estudios que muestran que, aunque a las mujeres nos resulta generalmente difícil negociar a favor de nosotras mismas, nos sentimos cómodas y somos eficaces negociando a favor de los demás. Es decir, sabemos poner límites para ayudar a los demás, pero nos resistimos a hacerlo en beneficio propio. Olvidamos así progresivamente cómo te sientes cuando estás bien contigo misma, cuando te cuidas y pones límites a las demandas externas.

Estas sensaciones se sienten en el cuerpo. Observa tu comportamiento durante unos días. ¿Cómo te sientes cuando dices que sí a algo, aun cuando no quieres hacerlo de verdad?

Esos sentimientos son la clave para reconocer cuándo necesitamos poner límites y decir que no.

Cuando cedemos y decimos que sí cuando en realidad quisiéramos decir que no, el cuerpo emite tres señales muy claras: resentimiento, ansiedad y frustración.

Podemos decir que no de mil maneras: con contundencia o con amabilidad, con compasión o con buen humor. «¡Gracias por invitarme!, pero he tenido un día largo en el trabajo y prefiero ir a casa a descansar. Me gustaría verte en otro momento, si tienes tiempo, ¿nos tomamos un café este fin de semana?»

Puedes arropar el no con amabilidad sincera y firme. Pero atrévete a decirlo: no solo tienes derecho a ello, lo necesitas.

No basta con saber decir que no: es igual de importante entender por qué lo dices. ¿A quién le vas a decir que no? ¿Qué circunstancias te llevan a hacerlo? ¿Cómo te sientes al decirlo?

Para establecer límites sanos para ti, tienes que poder definir qué espacio personal necesitas. Ese espacio equilibra tus necesidades y las de la sociedad que te rodea.

Ese equilibrio entre tú y el resto del mundo es un baile complejo y cambiante, una negociación constante que se altera en función de las necesidades de tu entorno, tu pareja, tus amigos, tus hijos, tus padres... Aunque a veces rompas ese equilibrio a favor de los demás, si sabes quién eres y lo que necesitas, gravitarás naturalmente de vuelta a casa, a tu ser esencial.

A lo largo de la historia, distintas culturas han tratado de comprender este delicado equilibrio entre la individualidad y el mundo. Una de las representaciones más antiguas y profundas la encontramos en el milenario *I Ching*, en el símbolo del retorno.

El *I Ching*, o *Libro de los cambios*, es un texto clásico de sabiduría china. A través de sus hexagramas —símbolos formados por líneas continuas y discontinuas— describe estados emocionales, momentos vitales, transiciones.

El hexagrama 24, el retorno, habla de esa etapa en la que, tras una desviación o un desgaste, algo dentro de ti comienza a girar de nuevo hacia el centro, hacia lo esencial. El retorno es un ciclo recurrente en la naturaleza que devuelve todas las cosas a sus orígenes.

A veces, necesitamos detenernos y volver atrás para examinar nuestras intenciones.

Tal vez has tomado un rumbo inadecuado o un camino equivocado, y necesitas volver al punto de partida.

Tal vez te has alejado tanto de quien eres realmente que el retorno al origen es necesario para reconectar con esa parte central de ti que permanece inalterada a lo largo del tiempo.

Tal vez hasta ahora te has centrado en exceso en el encuentro con los demás.

Necesitas limpiar lo impuesto y lo innecesario.

Antes de expandirte y volar, tienes que recogerte.

Es hora de retornar a tu ser esencial.

Cuando subo al gorrión a la terraza y le pongo una bañera, algo en él cambia. Su jaula está llena de luz.

Se baña en su pequeña bandeja de agua, explora, picotea, salta de un palo al otro con una energía que no tiene en ningún otro momento del día.

No está conmigo, ni con otros pájaros. Pero no está solo.

Su soledad está habitada: por el sol, por el agua, por su cuerpo en movimiento y por el instinto antiguo de cuidarse, de vivir.

Y pienso que quizá esa es la clave: no llenar la soledad, sino convertirla en un espacio donde la vida pueda florecer.

El amor después del amor
Derek Walcott

Llegará el día
en que, con alegría intensa,
te saludarás a ti mismo al llegar
a tu propia puerta, en tu propio espejo,
y ambos sonreiréis ante la bienvenida del otro.

Y dirás: siéntate aquí. Come.
Volverás a amar al extraño que tú eras.
Ofrece vino. Ofrece pan.
Devuelve tu corazón a sí mismo,
al extraño que te ha amado

toda tu vida,
al que ignoraste por otro,
al que te conoce de corazón.
Retira las cartas de amor del estante,

las fotografías, las notas desesperadas,
despega tu imagen del espejo.
Siéntate. Celebra tu vida.

AMA TU SOLEDAD

Este verano no he cuidado solo del Pájaro.

Cada vez que lo tomo en mis manos para alimentarlo, cuando lo subo a la terraza a tomar el aire y el sol, cuando, para que aprenda a volar, lo suelto en el árbol postizo que le he fabricado con el perchero de Ikea y unas ramas encontradas en las dunas detrás de la playa, cuando limpio su jaula, cuando pongo vitaminas en su agua, cuando lleno el baño de grabaciones de cantos de gorriones para que aprenda su idioma...

Como si el gorrión fuera una metáfora de mi vida, siento que estoy cuidando mucho más que a un pequeño pájaro.

Cuido a todos los pájaros del mundo. Cuido de los ríos contaminados, de la tierra arrasada por la ganadería intensiva, del aire polucionado, de las guerras absurdas... Me parece que así alivio al menos un poco tanto dolor gratuito, tantos hechos malvados o descuidados.

Es un poco de luz en la oscuridad, pequeños actos de contrición con los que puedo acariciar el alma del mundo.

Todos, en algún momento, hacemos gestos así: cuando encendemos una vela por alguien que no conocimos; cuando dejamos flores en un lugar donde hubo dolor; cuando salimos a la calle a defender una causa que sentimos justa; cuando elegimos con cuidado lo que compramos, aunque sea más incómodo; cuando cedemos el paso; cuando cuidamos el lenguaje; cuando ayudamos a un extraño...

Pequeños actos que no deshacen el mal, pero lo contradicen. Que no reparan el daño, pero lo nombran, lo enfrentan, lo equilibran un poco.

Como si entre todos fuéramos sosteniendo una pequeña llama: frágil, pero encendida.

Transiciones y silencios

Este verano, paradójicamente, estoy centrada en recuperarme en medio de una vida familiar intensa. Limpio los escombros de una etapa personal reciente llena de errores.

Mirar hacia adentro es lo que me importa: comprender dónde he tropezado y perdido el rumbo.

Escucho las conversaciones y risas de la familia y los amigos, pero dentro de mí estoy lejos y seria.

Existen épocas de transición en la vida colectiva del planeta. Son períodos difíciles en los que todo se cuestiona y tambalea entre dos sistemas: uno que desaparece y otro que asoma. La humanidad tiene que reconstruirse a partir del caos, encontrar un principio que la guíe para anclar allí su reconstrucción.

Igualmente, hay épocas en la vida de las personas en las que todo lo que nos sostiene parece ceder y desmoronarse en una maraña de confusión.

Es difícil, pero es necesario deshacerla para crecer y avanzar.

En esos momentos, lo más valiente que podemos hacer es rendirnos al proceso, aceptar que aquello que parece un parón es, en realidad, un lugar quieto en el que podemos reorganizarnos, comprendernos mejor, detectar los errores cometidos y encender una luz en la oscuridad.

«Vivimos guiados por el sol invisible que llevamos dentro», decía el escritor Thomas Browne.

Pero una vida vivida con esta intensidad, añadía el neurólogo Oliver Sacks, requiere que nos distanciemos deliberadamente de las cosas que llenan nuestras vidas pero que no son esenciales —las peleas mezquinas, los dimes y diretes de la política, las noticias constantes.

Todo eso nos entretiene, pero no nos alimenta.

Este verano ni escucho ni leo las noticias.

No me interesa nada que no sea encontrar la forma en la que el pájaro y yo podamos volar.

En cualquier transición difícil, tienes que descubrir qué va a guiarte y sostenerte, aunque sientas que has perdido lo que eras o lo que tenías.

Es como centrarte en una luz que sabes que parpadea dentro de ti, aunque fuera todo parezca oscuro.

Lo que ocurre cuando paramos (la vida en pausa)

Las cosas dolorosas que ocurren «allí fuera» en realidad te están invitando a cultivar un cambio de conciencia «aquí dentro».

Pero nos resistimos a vivir dentro.

La vida contemporánea parece diseñada para impedirnos estar a solas con nuestros pensamientos y sentimientos. Nuestros días están construidos con unidades de trabajo y de ocio, cementados por los medios de comunicación y por el consumismo constante. Nos refugiamos en esas distracciones por hábito, y también porque echar un vistazo detrás de las bambalinas puede resultar incómodo.

Pasamos buena parte de la vida con la mirada atada al suelo.

Habitamos lo pequeño: lo que se dijo, lo que ocurrió, lo que falta, lo urgente. El cotilleo y lo cotidiano nos arrastran hacia lo inmediato, hacia lo que apenas roza la superficie.

Nuestro lenguaje cotidiano, lleno de repeticiones y detalles banales, también refleja esa desconexión de lo esencial.

Y en esa carrera diaria de detalles y repeticiones, se nos olvida que estamos rodeados de misterio.

Que el mundo es un tejido invisible de fuerzas que apenas comprendemos.

Que lo verdaderamente pequeño y lo verdaderamente grande se nos escapa cada día.

Cuando nos detenemos, la mente suele gravitar hacia nuestras mayores fuentes de estrés, ya sean relaciones problemáticas o nuestros propios juicios críticos acerca de nosotros mismos.

Sin embargo, lo que no funciona en tu vida suele deberse a patrones y hábitos automáticos e inconscientes.

Cuando te quedas quieto o quieta, empiezas a discernir esos hábitos y puntos ciegos.

Como el agua que se amansa en un lago tras la tormenta, emerge poco a poco una superficie donde puedes empezar a reconocer las corrientes y las pozas.

Cuando te tomas un descanso del ruido cotidiano, de las discusiones y ajetreos, de la tecnología y del consumo constante, adquieres distancia y logras más perspectiva y más claridad.

El silencio y la soledad crean un espacio en el que tu cerebro puede procesar las emociones, en lugar de reprimirlas y permanecer en piloto automático.

Sin embargo, las tomografías cerebrales muestran que hoy en día el cerebro de muchas personas está hiperactivo y casi nunca descansa.

Los estudios revelan que para muchos la soledad es una experiencia desagradable. En un estudio, los hombres en particular optaban con frecuencia por darse una descarga eléctrica suave en vez de verse privados de estímulos sensoriales externos.

El problema es que mantener nuestro cerebro ocupado no es una forma eficaz de aliviarlo, porque este se estresa cuando siempre está pensando y juzgando.

En cambio, cuando nos centramos en sentir —en sumergirnos en nuestros sentidos y en vivir en el presente—, el cerebro deja de interpretar y de reaccionar constantemente, y logra calmarse y restaurarse.

Sentir un sabor, una textura o una sensación, sentir curiosidad por lo que viene a continuación, sentir el picor de un suéter en la piel o el olor a café que sale de una taza... Cualquier sensación despierta regiones sensoriales del cerebro que tenemos descuidadas y contrarresta los efectos insidiosos de los sentidos embotados por el estrés.

El silencio interior

Para generar un espacio de soledad y silencio, es importante aprender a no hacer nada, a no ocupar el tiempo a la fuerza.

Puedes crear pausas en una vida ajetreada aprendiendo a aislarte mentalmente, haciendo curas deliberadas de desintoxicación de los medios de comunicación y de las pantallas, encontrando un rato al despertar y antes de dormir para estar en silencio, dando paseos en soledad o dejando vagar la mente sin forzarla.

No siempre es fácil crear ese espacio en vidas repletas de obligaciones. Vivimos rodeados de estímulos: notificaciones, mensajes, pantallas que reclaman nuestra atención a cada segundo.

Es fácil olvidar que también necesitamos tiempo para estar con nosotros mismos, en silencio, lejos del ruido del mundo.

Ama tu soledad, porque en ella habita la posibilidad de una vida más consciente y más libre.

Por ello, las personas que dedican tiempo a su vida interior buscan y crean espacios para el silencio y la introspección. Lejos de temer la soledad, la buscan y la aman, por la claridad que les permite alcanzar.

Nuestro espacio interior es lo más parecido a lo que en el mundo externo llamamos «templos».

La palabra *templo* viene del indoeuropeo prehistórico y significa literalmente «cortar». Un templo es un lugar sagrado, un lugar de retiro para cortar con las demandas de lo cotidiano. Solo así conseguimos experimentar una renovación, hacer limpieza de lo que sobra.

Durante las etapas en las que busco por dentro y me desconecto del mundo exterior, sé instintivamente que debo cuidarme como cuido al pájaro, con actos pequeños y sencillos, sin vislumbrar un futuro claro, con compasión y paciencia.

He de quedarme quieta como hace él, a la escucha, reponiéndome, viviendo día a día, hasta que pueda hacerme fuerte y volar.

En tiempos de soledad, cuando el silencio pesa y los días parecen largos, lo esencial no es llenar el vacío, sino aprender a habitarlo con esperanza.

El equilibrio entre la introversión y la extroversión

Carl Gustav Jung, el psiquiatra suizo que dedicó su vida a explorar el alma humana, ya se preocupaba por esto mucho antes de que existieran los teléfonos móviles. Le inquietaba que tecnologías como el teléfono —entonces una novedad con cable y disco de marcar— pudieran alejarnos del silencio interior que tanto necesitamos para vivir con equilibrio.

Jung hablaba de la introversión y la extroversión como dos formas complementarias de relacionarnos con la vida.

La extroversión nos lleva hacia fuera, al encuentro con los demás, al hacer.

La introversión, en cambio, nos invita a mirar hacia dentro, a escucharnos, a comprendernos.

Y nos recordaba que necesitamos ambas.

Sin ese equilibrio, corremos el riesgo de perdernos en la superficie de las cosas, desconectados de lo que somos de verdad.

Por eso, más que nunca, en este mundo acelerado y fragmentado, es importante recuperar la capacidad de estar solos, aunque sea unos minutos al día. No como una forma de huir, sino como una forma de volver a casa, a uno mismo.

Porque en esos espacios de calma y recogimiento, sin pantallas ni demandas externas, es donde empezamos a escuchar lo que de verdad importa.

Mantén una rama verde en tu corazón y el pájaro cantor vendrá

Esta antigua frase china guarda una sabiduría que a menudo olvidamos: no necesitamos salir corriendo a buscar fuera lo que aún no hemos sembrado dentro. Es una imagen silenciosa y profunda que me encanta.

Sugiere que, si cultivas algo vivo, esperanzado y abierto dentro de ti, la vida responderá en consecuencia.

Habla de una preparación interior, de reservar un espacio para la belleza, para la conexión, para la alegría... incluso antes de que lleguen.

Es una metáfora poderosa: si alimentas algo vibrante en tu interior, ya no estás esperando que alguien te salve o te complete. Simplemente estás listo para la conexión adecuada cuando aparezca.

Ya estás completo.

Esta imagen me recuerda: no te limites a soportar la soledad, ¡hazla fértil! Haz que cante.

Cuando mantienes vivo el deseo de aprender, de amar, de compartir, algo bueno llega, no como una recompensa, sino como una resonancia.

No para llenar un vacío, sino para compartir un paisaje interior que ya es fértil.

La rama verde es mantener vivo el vínculo con nosotros mismos: cuidar nuestros pensamientos, hablarnos con ternura, respetar nuestros ritmos, proteger nuestra esperanza.

La rama verde es cultivar lo que amas, lo que te hace sentir bien, aunque nadie lo vea: bailar solo, pintar sin mostrarlo, cuidar una planta.

La rama verde es rodearte de belleza: una piedra bonita, un libro que te emocione, una vela encendida.

Lo bello nos recuerda que hay más belleza por venir.

La rama verde es aceptar los días grises sin cortar la rama.

No siempre estarás feliz.

Mantener la rama verde no significa forzar la alegría, sino mantener viva la esperanza en medio de la tristeza.

Es confiar en que el canto llegará, aunque hoy haya silencio.

La rama verde es mirar a los demás con ojos nuevos.

Cada persona con la que hablas hoy podría traerte algo que no esperas.

Mira con curiosidad.

No te encierres.

Sal al mundo con la puerta interior entreabierta.

A veces esperamos a que alguien venga a traernos lo que ya tenemos.

La rama verde es reconocer y celebrar lo que ya está dentro de ti.

Esto implica un aprendizaje difícil: acostumbrarnos a no reaccionar ante todo lo que sucede, a no aferrarnos a nuestras ideas fijas de cómo debería ser la vida.

Muchas veces no sufrimos por lo que es, sino por lo que habíamos imaginado que debía ser.

Renunciar a esas proyecciones —el trabajo ideal, la pareja perfecta, la versión brillante de uno mismo— no es una derrota, sino una forma de libertad.

Solo cuando soltamos, cuando dejamos de forzar, empezamos a apreciar lo que trae cada momento.

La clave no está en llenar la soledad.

La clave está en convertirla en un espacio vital, donde la vida pueda prosperar.

Y entonces, sin forzar, sin buscar, llegan los pájaros: personas, momentos y emociones que reconocen la paz que hemos sembrado dentro.

Poco a poco, me acomodo en este lugar de espera y aprendo a amar mi soledad, porque sustenta una etapa de reconstrucción.

La reconstrucción traerá consigo, lo sé, una conciencia más amplia, nuevas maneras de relacionarme y de vivir con los demás.

Nuevas maneras de relacionarme y de vivir conmigo misma.

Como el gorrión en el reborde de la bañera, yo también aprendo a esperar.

Esta mañana he entrado en el baño y he decidido llevar al gorrión conmigo un rato a la cocina, mientras me tomaba un café. Un poco de luz, un espacio nuevo.

Pero está cada día más fuerte, y se me ha escapado de las manos. ¡Se ha escondido bajo la nevera!

Me he puesto nerviosa. Lo he llamado, he intentado mover los muebles, he buscado su silueta en la penumbra. Pero cuanto más lo intentaba, más evidente era que lo estaba asustando.

Así que me he detenido. Me he sentado en silencio, con mi café, y he esperado.

Quince minutos después, he oído un pequeño piar. Y lo he visto salir, dando saltitos, cubierto de un polvillo blanco, como si viniera de otro mundo.

Lo he limpiado sin prisa. Lo he devuelto al baño.

Y he pensado: esto también es querer. No forzar, confiar en que el otro vendrá cuando esté preparado, tener esperanza, elegir la paz.

GUERRA O PAZ

«Si quieres dar en el blanco, apunta un poco más alto. Toda flecha que vuela siente la gravedad de la Tierra.»

El poeta H. W. Longfellow dio en el clavo con esta metáfora. Él no hablaba solo de arcos y flechas, sino de expectativas, de caminos interiores.

Buscar la paz, como cualquier meta verdadera, exige apuntar más allá del resultado inmediato: no dejarse arrastrar por la impaciencia, ni por la ilusión de que todo será fácil o lineal. Porque la gravedad del mundo —el miedo, el ruido, el cansancio— siempre tira de nosotros hacia abajo.

Por ello, no basta con tener buenas intenciones si no somos conscientes de la fuerza que nos arrastra hacia abajo.

Y esas fuerzas —la impaciencia, la necesidad de tener razón, el orgullo herido, la inseguridad— son lo que convierte la búsqueda de paz en una práctica diaria, no en un deseo abstracto.

Hay que confiar en que, aún con todo lo que nos pesa, el vuelo es posible.

A veces, apuntar más alto no es hacer más.

Es detenerse.

No empujar.

Esperar sin perder de vista lo importante.

La agresividad humana: dominar, narrar, conquistar

No es solo la fuerza de la gravedad de nuestros miedos, deseos y heridas lo que nos arrastra. También está la herencia de nuestra especie. La agresividad humana no es solo una cuestión de instinto. A diferencia de otras especies, que pelean por comida, territorio o supervivencia inmediata, los humanos hemos desarrollado formas de violencia más complejas: diferidas, organizadas, simbólicas.

En el humano, el deseo de poder va más allá de lo físico: buscamos poder simbólico, reconocimiento, inmortalidad narrativa. No solo peleamos: contamos guerras, justificamos dominaciones, construimos imperios ideológicos. Creamos relatos, ideologías, jerarquías. Y esa capacidad —el lenguaje, la cultura acumulativa, la moral flexible— ha hecho que nuestra violencia pueda volverse invisible y legítima.

Esa capacidad de convertir el poder en relato y la violencia en estructura es parte de lo que nos hace únicos como especie. Lo que en otros animales es reacción, en nosotros puede volverse sistema. Esto nos da una elasticidad moral enorme: podemos ser santos o tiranos según el contexto. Somos una especie que puede alzar la paz como bandera mientras construye muros. Que puede escribir poesía mientras deshumaniza al otro.

Y, sin embargo, también somos capaces de una enorme ternura, de cuidado y cooperación.

Nuestra complejidad no justifica el daño que causamos, pero sí ayuda a entender de dónde viene. *Dominar, narrar, conquistar* no solo resume lo que hemos sido como especie, sino también el dilema al que nos enfrentamos: seguir repitiendo esas formas de poder... o aprender a transformarlas.

Por eso buscar la paz es más que desearla: es aprender a desmantelar dentro y fuera las formas de dominación que heredamos sin saberlo.

Y a veces ese aprendizaje no empieza en grandes gestos, sino en lo más cotidiano.

El verano del gorrión, mientras lo cuido, entiendo que la paz no llega de golpe, que a veces empieza por algo pequeño: cómo hablas y tratas a los demás, claro, pero también cómo te hablas, cómo te tratas, cómo esperas.

Y ahí, quizá, se abre la puerta a una forma de estar más en paz contigo.

Lo he entendido mejor, casi sin darme cuenta, al empezar a usar una baraja de afirmaciones de la escritora Louise Hay. Fue a raíz de una pequeña conferencia suya que encontré en internet.

«Quiérete —decía—. El mayor problema de las personas es que no nos queremos a nosotros mismos. Quererse es el primer paso para sanar.»

«¿Y cómo detectas que no te quieres?», me pregunté.

Porque te juzgas constantemente, explica ella. Porque usas palabras desagradables o burlonas para hablarte. Porque en el fondo no crees merecer la compasión y el cariño que intentas dar a los demás.

Para quererte, afirma, tienes que hablarte con esperanza, con alegría y con compasión.

Como es algo que no nos sale espontáneamente, Louise recomienda hacer afirmaciones regularmente, para deshacer determinadas formas de hablar y de pensar.

Empecé a leer en voz alta sus afirmaciones cada día. Al principio, no me creía nada de lo que leía despacio y en voz alta. Tuve que hacer un esfuerzo para releerlas cada día. Las elegía al azar.

Cuando sigo mi sabiduría interior, decía una afirmación, *estoy en paz con mi propio ser*.
Pero ese verano, yo no estaba en paz.

Estoy en armonía con todo lo que me rodea. Expreso libremente todo lo que soy.
Pero ese verano, yo solo sabía expresar mi gran decepción.

Dejo ir cualquier resistencia a sanar.
Me agarraba a mi tristeza. Creía que me la merecía.

Escucho con amor los mensajes de mi cuerpo.
Le reprochaba a mi cuerpo las urticarias y los insomnios. Ya no confiaba en él.

No necesito esperar a ser perfecto antes de quererme.
Estaba convencida de lo contrario.

Sin mi pasado no sería quien soy hoy. Me acepto entero. Me quiero porque estoy dispuesto a aprender y a crecer.

El trabajo que hago no es una meta, es un proceso que dura una vida entera. Elijo disfrutar de este proceso.

¿En serio? ¿Disfrutar de ese proceso?

Allá donde te atascas con las afirmaciones está el trabajo que tienes pendiente hacer.

Cuanto más me resistía a alguna, más la releía y reflexionaba. Poco a poco, mi resistencia cedía y crecían en mí la comprensión y la compasión.

Ese pequeño trabajo me ha costado esfuerzos repetidos a lo largo del verano, pero me ha compensado. Y es que el camino hacia la paz —con uno mismo, con los demás, con el mundo— no es lineal ni sencillo.

Para transitar nuestro camino vital, Carl Jung decía que necesitamos una tríada indisoluble: conciencia, valentía y perseverancia.

Conciencia para reconocer qué voces y valores nos habitan realmente, y cuáles son herencias impuestas o adoptadas por miedo.

Valentía para enfrentarnos tanto a los castigos del mundo externo como a nuestras propias resistencias internas.

Y perseverancia porque la autenticidad no se alcanza de golpe: se tropieza, se retrocede, se reinicia. Una y otra vez.

Aceptar este proceso no es fácil. En ocasiones es más cómodo aferrarse a una identidad fija, seguir un camino ya desbrozado.

Pero el camino nuevo, el de la paz verdadera, se hace en soledad, en espacios de silencio donde reaprender a escuchar la intuición, a perdonarse, a tratarse con ternura.

Y cuando aprendes a tratarte con compasión, esa compasión se vuelve también disponible para los demás.

Damos solo lo que tenemos.

Cuando llegue Año Nuevo no voy a hacer mi lista habitual de objetivos. Este año quiero lograr una sola cosa: dejar el pasado atrás.

No cargar más con sus corrientes ocultas. Liberarme de lo que me ha hecho daño y evitar que ese daño me siga como una sombra el resto de mi vida.

Y, cómo no, encuentro una carta de Louise que refleja ese deseo perfectamente:

Dejo ir el pasado sin esfuerzo. Afirmo que soy capaz de renunciar a la necesidad de vivir situaciones y condiciones negativas.

Es una forma sinuosa de decirlo, pero significa que deseo aprender desde la alegría, y no desde el sufrimiento. Es mi deseo para el año entrante.

Después de una cena familiar cálida y alegre, entra un mensaje que ha sido escrito con mucho esfuerzo —quien lo escribe tiene ochenta y cuatro años y teclea con dificultad— y con mucho amor.

Son palabras sencillas pero cargadas de significado para mí. Me dicen: te veo, te acompaño, estás en el buen camino.

«Qué maravilloso es sentirse bien con uno mismo —escribe mi madre en nuestro WhatsApp—. Eso compensa de todos los amores averiados.»

He leído que, para que un pájaro herido pueda volver a la naturaleza, hay que cuidarlo sin crear dependencias. Me resulta difícil ofrecer este cuidado sin apego. Me doy cuenta de que, en general, nuestros apegos humanos, para bien o para mal, tienden a ser dependientes. Esperamos amor o gratitud a cambio de nuestros cuidados.

Mi gorrión solitario me despierta mucha ternura, pero intento no cargarle con ella. Quiero consolar sin domesticar, proteger sin encadenar. Aprendo sobre la marcha a ofrecerle un afecto discreto, casi invisible.

Este gorrión me está enseñando algo que me cuesta aprender: a querer sin apego.

LOS AMORES AVERIADOS

Suena el teléfono. Es mi amiga Julieta.

—Quería decirte que he dejado a Adán —anuncia en cuanto contesto la llamada.

Tengo ganas de decir: «¡Por fin!», pero opto por un enfoque más terapéutico.

—Lo siento —le digo—. ¿Cómo estás?

—Mejor de lo que pensaba.

—Me alegro, Julieta.

Y callo diplomáticamente, porque no tengo nada bueno que decir.

—Tenías razón —añade inmediatamente—. Me he pasado cuatro años esperando lo que él no me quería dar.

—Ni quería, ni podía —corrijo, aunque me muerdo la lengua enseguida.

Julieta protesta.

—Yo veía en él un potencial, ¿sabes?

Lo sé, porque llevamos muchos años hablando del potencial de Adán. Si él hubiese querido, habría sido un hombre maravilloso. Tenía todo el potencial para serlo, solo que no quería o no sabía. Julieta ha sido paciente y le ha dado mil oportunidades para sacar a relucir ese potencial que ella veía tan claramente.

Adán podía haber sido ese hombre con el que soñamos tantas mujeres: sólido, tierno, divertido, profundo, resolutivo, guapo, sensible y valiente.

¿Demasiados calificativos mutuamente excluyentes?

—Le pedimos peras al olmo —le ofrezco a modo de consuelo, y añado modestamente—: Seguro que nosotras tampoco damos la talla. —Aunque en el fondo no me lo creo.

Julieta tampoco se lo cree.

—Yo sí, yo lo he dado TODO —protesta enfáticamente—. Él ha tenido suerte conmigo, pero no ha sabido verlo.

No contesto. La sociedad entrena a las mujeres desde que nacen para que estén a la altura de ese amor romántico absurdo que nos venden en las pantallas. Practicamos con tanto ahínco eso de ser comprensivas, pacientes y generosas que, efectivamente, aunque sea una pesadez, muchas lo hacemos de maravilla. La mayoría nos entregamos en cuerpo y alma a cambio de migajas.

—Me he cansado de ponerlo todo sobre la mesa, de dar y dar y dar y no recibir nada a cambio —añade Julieta como si me estuviera leyendo la mente.

—¿Y cómo te has dado cuenta? —Abro esa compuerta muy a mi pesar, pero percibo que un rato de *post mortem* va a ser inevitable.

Nunca mejor dicho.

—Estábamos en un funeral —explica con voz dramática—. Y una vez más, él no quiso hacer lo que yo le pedía. Y miré a la muerta en el féretro y me dije: «Algún día yo voy a acabar así. ¡Hasta aquí!».

Julieta acaba de soltar un *non sequitur* como la copa de un pino, pero si la muerta le inspiró para hacer algo sensato, para qué discutirlo.

—Nunca es tarde si la dicha es buena —contesto brevemente.

El refranero español es un tesoro de sabiduría y siempre recurro a él cuando no sé qué decir.

A Julieta le da igual lo que yo diga. Está en lo suyo.

—Es que fue alucinante —insiste—. Fue la propia muerta la que levantó la cabeza y me dijo: «¡Hasta aquí!».

Se hace un silencio. No se me ocurre ni un proverbio.

—Debió de ser una alucinación —matiza Julieta, aunque sin demasiada convicción.

Julieta enamorada me saca de quicio. Es una excelente amiga, una gran profesional y una mujer alegre y generosa, pero el enamoramiento la ciega.

¿Y quién puede reprochárselo? La naturaleza se confabula para que nos enamoremos. Lo sabemos a ciencia cierta desde hace décadas: el enamoramiento es una tormenta química irresistible que invade el cerebro como si hubieses consumido drogas.

¿Cómo vas a luchar contra eso?

Solo una educación afectiva y sexual inteligente podría protegernos del enamoramiento, enseñarnos a disfrutarlo sin tomárnoslo tan en serio.

Sin embargo, la sociedad se confabula con la naturaleza y se dedica a adoctrinarnos no solo para que bajemos las defensas, sino para que nos entreguemos al enamoramiento como los adictos a un juego peligroso.

Para colmo, confundimos enamoramiento con amor. Pero el enamoramiento es solo un lobo *vestido* de amor. El lobo se describe en pocas palabras: es un proceso evolutivo poderoso cuyo objetivo es asegurar el apareamiento y la supervivencia de la especie.

Convenientemente para el lobo, cuando te enamoras empeoran notablemente algunas de tus capacidades cognitivas, como la capacidad de juicio social. En otras palabras: nos cuesta más juzgar objetivamente al otro. Así dudamos menos en abrirle la puerta de nuestra casa. Con suerte para el lobo, conseguirá lobeznos en tiempo récord.

El enamoramiento es un proceso fulminante, pero no es simple. Funciona con una alquimia compleja, un entretejido de razones que se confunden como las capas de una lasaña. Con esta lasaña nos alimentan desde que nacemos, con literatura, música, artes, religiones y doctrinas sociales.

Como el adoctrinamiento va dirigido sobre todo a las mujeres, sospecho que somos víctimas de un complot social magníficamente orquestado para que desde pequeñas aprendamos a darlo todo a cambio de casi nada.

—Les vas a meter miedo a las niñas con los hombres —protesta mi madre cuando hablamos de esas cosas.

—Miedo, no, pero quiero que sean realistas —contesto.

Si no se lo digo yo, ¿quién va a decírselo?

Poner al enamoramiento en su sitio suele provocar reacciones incómodas, como si anunciases a una clase de niños de cinco años que no existe Papá Noel. Habrá lágrimas y protestas. Te expones a ser el malo de la película. Da igual que esa confabulación social navideña sea una mentira de gran calibre perpetrada por quienes deberían proteger a los niños de las mentiras, es decir, por sus propios padres y por la comunidad entera. Preferimos engañar a los niños un tiempo, que se crean que todo es magia, aunque luego se lleven una decepción enorme y probablemente no vuelvan a creer en nada ni nadie.

Creer que nada es magia es una inmensa pérdida para las personas. Es como obligarlas a vivir sin esperanza y sin complejidad, contra nuestros instintos y ciegos a la belleza y al misterio que nos rodea.

Tal vez le damos al enamoramiento tanto poder y carta blanca precisamente para remplazar la Navidad que perdimos hace tanto. El humano necesita creer en algo. Es un instinto vital.

Solo que elegimos cosas deslumbrantes y engañosas. Cosas que parecen fáciles, atajos a la felicidad, pero que en realidad nos llevan a callejones sin salida. Como confundir el enamoramiento con el amor.

Es más fácil convencerte de que el enamoramiento es algo serio si lo llamas «amor».

—¿Por qué nos colocan lo del amor a las mujeres? —le pregunto a mi madre.

Sus nietas dicen que las respuestas de su abuela son icónicas, y esta lo es:

—Es porque los hombres piensan, y las mujeres sienten —me dice, contundente.

—Ah —contesto con prudencia.

—Antes creía que las mujeres no sabían pensar —añade en voz más baja.

Nunca creí que mi madre fuese a reconocer algo así. La miro sorprendida.

—Has tardado casi cien años en llegar a esta conclusión —observo—, pero nunca es tarde si la dicha es buena.

Y nos reímos, porque con el paso de los años las dos hemos aprendido a reírnos de todo, incluso de lo que duele.

—Hay que tener muchas agallas para reconocer que pensabas eso —añado con la admiración que merece.

—Sí, lo reconozco, me equivocaba. Era lo que nos decían todo el tiempo. Ahora veo que las mujeres sí pueden pensar, lo que pasa es que pensar y sentir a la vez es difícil.

—¿Crees que es difícil integrar las dos cosas? —le pregunto.

—Mucho. Hay que ser sabio para lograrlo. Poca gente lo consigue, pero no tiene nada que ver con ser hombre o mujer. Lo que pasa es que a las mujeres nos obligan solo a sentir, y encima a sentir tonterías. Nos ocupan la vida con sentimientos pequeños.

—Te refieres a todas esas horas dedicadas a preocuparnos por cosas frívolas como la apariencia física, la ropa y el maquillaje, ser agradables, cuidar del hogar y planificar las comidas, preocuparte por cómo se siente todo el mundo, ocuparte de que él esté siempre a gusto... Sí, así no hay quien piense...

—Ya no me maquillo —interrumpe mi madre—. Y estoy encantada. Puedo salir a la calle inmediatamente después de despertarme. No me importa si llueve.

Puedo sudar, estornudar, frotarme los ojos, dar besos a mis nietos, comer, llorar y beber sin tener que mirarme al espejo después. Y me ahorro mucho dinero.

Parece que no viene a cuento pero la entiendo, y de nuevo nos reímos. Admiro la capacidad de redescubrir el mundo que tiene esta extraordinaria y valiente mujer, que piensa y vive alto, claro y libre, aunque desde que nació se lo intentaran prohibir.

Nos enamoramos para perpetuar la especie. Pero existen muchas razones para enamorarse. Existen razones biológicas, como la atracción física, la química cerebral y la compatibilidad genética, que activan respuestas instintivas. Existen razones psicológicas, cuando nos proyectamos en personas que reflejan necesidades, ideales o patrones aprendidos en la infancia. Existen razones sociales, como cuando compartimos normas y valores culturales y sociales que generan familiaridad. Existen razones económicas, cuando el amor se mezcla con la búsqueda de estabilidad o recursos. Existen razones emocionales, como la empatía, el apoyo mutuo y la sensación de pertenencia, y también razones contextuales, cuando el momento, las experiencias vividas y la disponibilidad juegan un papel crucial. Puede que nos lleve a enamorarnos también el estatus social del otro, su éxito, su inteligencia o incluso su bondad. Incluso lo irracional y lo espiritual refuerzan el enamoramiento, como cuando creemos que ese flechazo que sentimos es cosa del destino, porque no percibimos racionalmente las razones ocultas que nos han hecho enamorarnos.

En el enamoramiento, todas o algunas de estas fuerzas confluyen, ponen el dedo en nuestras llagas más íntimas y nos arrastran. No podemos evitarlo: son fuerzas inaccesibles porque son inconscientes. Se remontan a razones y patrones que llevas dentro pero que no comprendes de forma objetiva y racional, porque anidan en tu ser más inconsciente. Olvidaste por qué las llevas dentro, pero eso las hace más sigilosas y peligrosas, no menos.

Te enamoras sin saber por qué. Solo sabes que no puedes resistirte. O tal vez que no quieres resistirte...

Probablemente, los desencadenantes más potentes del enamoramiento surgen de nuestra infancia. Reconocemos en la pareja modelos familiares que nos recuerdan nuestro hogar. Es fácil sentirse atraído por personas que reflejan aspectos de nuestros padres y madres o cuidadores de la infancia.

El problema es que te atraen esos patrones no porque te hicieran feliz, sino porque te son muy familiares. Da igual que en tu infancia aprendieses a relacionarte con los demás de forma constructiva o destructiva. Es lo que aprendiste, y cuando reconoces esos patrones sientes que has vuelto a casa.

Por eso, cuando nos enamoramos, sentimos a menudo una sensación extraña de familiaridad. Lo achacamos a menudo a algo predestinado. En realidad, lo que se ha despertado en ti es el deseo irrefrenable de volver a casa.

Lo explica con maravillosa claridad el psicólogo jungiano James Hollis.

Enamorarte del «otro mágico»

Todas las relaciones empiezan con proyecciones del pasado y de la infancia. Tanto si me doy cuenta de ello como si no, cuando me enamoro, mi historia vuelve a embrujar el presente con sus fantasmas, porque arrastro mi pasado silenciosamente dentro de mí.

La mayor parte del tiempo, lo que queremos de verdad es que el otro —«el otro mágico», en palabras de Hollis— solucione toda esa carga que transportamos. En ese «otro mágico» pretendemos reencontrar al padre o madre perfecto que anhelamos y quizá no tuvimos. Buscamos a la persona que por fin sabrá leer nuestra mente, cuidarnos, consolarnos y protegernos.

Todos deseamos que ese otro mágico pueda encargarse de todo y evitar que tengamos que ser adultos y cuidar de nosotros mismos.

Por siempre jamás.

Hay patrones habituales en las relaciones de pareja adultas. Las relaciones codependientes, por ejemplo, son bastante corrientes porque todos, cuando somos niños, experimentamos una sensación de vulnerabilidad y desempoderamiento. Al fin y al cabo, somos niños y dependemos de los adultos para sobrevivir. Si te sientes vulnerable y desempoderado, pronto aprenderás que si dejas que los demás se salgan con la suya, estarás más seguro y tu vida será más fácil. Así que traes ese fantasma a la nueva relación, y de entrada cargas a la pareja con el peso de cuidarte y protegerte.

El empeño de muchas personas por repetir relaciones abusivas también es lógico.

Imagina alguien que ha tenido una infancia abusiva y difícil. Tenderá a tener relaciones abusivas y difíciles porque es lo que conoce, lo que le es familiar. Sea lo que sea lo que le hacían sus padres, esa era su casa, eran sus padres, era su hogar. Es lo familiar.

No elegimos estas relaciones abusivas de forma consciente, por supuesto, pero los humanos funcionamos casi siempre a nivel inconsciente, sobre todo cuando se trata de enamorarse.

Repetimos el mismo tipo de relación porque queremos volver a casa.

Y tratamos de convencernos de que, esta vez, las cosas saldrán mejor.

Pero no lo harán, porque los cimientos son los de siempre.

Desde hace un tiempo, trabajo en un proyecto para personas con adicciones. Muchos adictos han crecido con padres o madres adictos. Perpetúan algo aprendido en sus durísimas infancias.

Sin embargo, muchos de ellos empiezan sus relatos de infancia hablando con amor de esos padres adictos, muchos de ellos abusadores. «Mi padre, el pobre, yo lo quería mucho, pero cuando volvía por la noche borracho, nos pegaba a mi madre y a mí.»

Me parte el corazón escuchar ese anhelo por amar, por no perder a nuestros padres del todo. Queremos amar y perdonar a nuestros padres por encima de todo. Los llevamos dentro. Estar en guerra con ellos es tan doloroso que a menudo preferimos arrastrar sus miserias.

Otro patrón muy habitual es el del amor condicional. Si cuando eras niño, tus padres te felicitaban y daban valor solo cuando lograbas algo —un premio, unas buenas notas, cuando hacías un esfuerzo como aprender a tocar el piano o a meter goles en la cancha de fútbol, cuando cuidabas de tu abuelo enfermo o de un hermanito—, entonces aprendes que solo mereces amor cuando das algo a cambio. Para ti, el amor es pagar el precio necesario para poder pertenecer y estar a salvo.

Tenderás a gravitar hacia parejas que te querrán si les das algo concreto a cambio de ese amor condicional que es el único que te han dado, el único que conoces.

¿Cuáles fueron tus circunstancias cuando eras niño? ¿Aprendiste a confiar en los demás o aprendiste a desconfiar? ¿Podías expresar lo que eras, lo que te importaba, o tenías que andar escondido tras un personaje? ¿Cómo aprendiste a solucionar conflictos?

Ya lo exploramos en los primeros capítulos: es en la niñez donde se siembra la forma en que luego amaremos, cuidaremos y nos dejaremos cuidar.

Ese aprendizaje es el que vas a traer de entrada a cualquier relación. Ese niño estará presente entre la pareja y tú. Cuanto más te importe esa pareja, más presente estará ese niño o niña. Es la carga de siempre que traemos a cada relación.

Por eso solemos repetir nuestras relaciones, aunque cambiemos de pareja.

Enamorarse es irresistible porque durante un tiempo vas a creer que por fin has podido volver a la casa que perdiste hace tanto. El recuerdo de tu casa está habitado por voces, formas de hablar, olores, colores, sensaciones y recuerdos más o menos difíciles de expresar.

No todos esos elementos te hicieron feliz, pero en conjunto representan esa casa anhelada, y los buscas por todas partes, como un iPhone busca su red wifi: incansable y silenciosamente. Todo en ti está a la escucha y a la espera de poder volver a casa.

Cuando reconoces algún elemento, se enciende el recuerdo de lo que crees que perdiste. Si se dan muchos elementos en una sola persona, te enamoras locamente.

Si solo se dan algunos elementos, pero tu deseo de enamorarte es más fuerte que la realidad, vas a inventarte un personaje que nadie, excepto tú, podrá reconocer en la vida real. Aquí empiezan las proyecciones.

Las proyecciones: enamorarte de una ilusión

Las proyecciones son muy peligrosas porque ni siquiera tendrás la ventaja de poder estrellarte contra la realidad.

Todos hemos conocido a personas capaces de pasar años al lado de una pareja que a los ojos de todos, menos del interesado, no respondía para nada a las expectativas del enamorado.

Puede que seas o hayas sido una de esas personas.

Ves en el otro ese potencial que nadie más termina de ver. Es porque esa persona es solo una percha, algo que se mueve y habla y sirve para que tú puedas decorarlo a tu gusto. Es un holograma, una ilusión, una invención.

Prefieres inventarte un gran amor antes que renunciar a él.

La otra persona te lo pondrá fácil, porque, como explica una amiga psicóloga, «durante los primeros seis meses sales con un representante». Como tú estás deseando engañarte, el representante no tiene ni que molestarse en dar la talla. Tú te encargas de adornarlo con las virtudes que buscas, y si no, le encontrarás excusas.

Te volverás muy paciente, ciego o ciega a la realidad.

Con todos los elementos que atesoras desde hace décadas, alimentas tu fantasía de amor y generas un guion. Recuperas todo aquello que te recuerda algo familiar. Puede ser el color de los ojos de tu abuelo, la nacionalidad de tu padre, el sentido del humor de aquella persona que perdiste pero no has olvidado nunca... Puede ser una forma autoritaria o cariñosa de hablarte, no importa si te dolió o te alimentó: lo importante es que te recuerda a tu infancia.

Quieres volver a casa, como sea.

La mente, obcecada por el deseo de vivir un deseo interno, intenso, ignora la realidad y sigue adelante.

Si eres una persona imaginativa, sensible y romántica, eres carne de cañón de ese tipo de enamoramiento.

Durante días, semanas, meses o incluso años vivirás en esa burbuja inventada en la que otra persona cargará con tus tozudos deseos. No te sorprendas si se aprovecha de tu ofrecimiento de darlo todo a cambio de nada. Se lo pones fácil.

Y así, el amor se transforma en una prisión de expectativas imposibles, donde ambos pierden la libertad de ser quienes realmente son.

La proyección, en lugar de acercarnos al otro, nos aleja de una experiencia que le da sentido al amor: conectar con lo real, no con lo imaginado.

Cuando amas a alguien no por quien es, sino por quien crees que debería ser, el amor deja de ser un espacio de libertad y se convierte en una prisión. En la proyección, ambos quedan atrapados: quien proyecta, porque se obliga a mantener viva una ilusión que no puede sostenerse sin mentiras y esfuerzos constantes; y quien es proyectado, porque se ve reducido a un papel que nunca eligió interpretar.

El peso de mantener esa ilusión crea un desgaste emocional profundo. Y tarde o temprano, la verdad emerge: el holograma se desmorona, y con él, la relación.

Del enamoramiento al amor

Al cabo de un tiempo, cuando el enamoramiento se disipa por la cercanía y la intimidad, salimos de ese estadio inconsciente.

Cuando se acaba el enamoramiento te preguntas: «¿Hay algo que merece la pena amar en esta persona?».

En ese momento, tenemos la posibilidad de pasar del enamoramiento al amor.

A diferencia del enamoramiento, que a menudo nace de proyecciones y expectativas —esa necesidad de que el otro llene nuestras carencias—, el amor verdadero consiste en ver al otro con claridad, aceptarlo tal y como es, y aun así elegir estar juntos.

Amar es reconocer que nadie puede completarnos; esa tarea es solo nuestra. Es comprometerse a construir una relación auténtica donde cada uno conserve su propia identidad y, al mismo tiempo, aporte lo mejor de sí.

La definición de una relación sana, dice James Hollis, es que «cada persona en esta relación esté comprometida con el crecimiento y desarrollo de la otra persona». Aunque a ratos este compromiso puede tocarle más a una persona que a la otra, en conjunto tiene que ser un compromiso recíproco.

El amor es un espacio íntimo y seguro donde aprendemos a crecer y a enfrentar nuestras propias inseguridades mientras acompañamos al otro en su propio viaje.

Si nos estamos sacrificando constantemente por el otro, el resentimiento empezará a dominar en la relación. Por eso las relaciones largas, de décadas, no son necesariamente relaciones sanas. Pueden ser relaciones largas y estables, pero también tristes y resentidas.

La prueba del algodón de una buena relación podría ser: «¿Esta relación agranda a las personas o las disminuye?». «¿Mi pareja crece en esta relación o vive constreñida y dañada?»

A menudo, en las charlas que doy, hablo de los estudios del doctor John Gottman, un investigador norteamericano que ha dedicado décadas a observar cómo se comportan las parejas. Desarrolló un protocolo para responder a una pregunta que todos, en algún momento de la vida, nos hacemos en voz alta o en silencio: ¿qué hacen las parejas realmente felices? ¿Cuál es su secreto?

Siempre le pido al público que levante la mano con total honestidad si conoce a una de esas parejas que dan sana envidia, de las que uno piensa: «Yo quiero algo así». Y es curioso, porque las manos que se levantan son muy pocas. Yo misma les digo que tampoco conozco a ninguna de esas parejas maravillosas. Y reflexionamos juntos: ¿cómo es posible que, siendo las relaciones humanas el mayor predictor de bienestar y felicidad que conocemos, nos cueste tanto construirlas y disfrutarlas?

Y entonces les revelo lo que descubrió John Gottman: que el secreto de una magnífica relación no está en evitar las discusiones y los conflictos —es imposible hacerlo—, en hacer planes exóticos o en tener los mismos gustos. El secreto, según él, es mucho más sencillo, y a la vez más difícil: las parejas que funcionan bien generan cinco veces más emociones positivas que negativas. Cinco a uno. No se trata de no tener conflictos, sino de contrarrestar ese desgaste inevitable con dosis constantes de ternura, de atención, de gestos de buen humor y de paciencia.

¿Por qué nos cuesta tanto algo que nos haría tan felices? Por una paradoja que arrastramos: nuestro cerebro programado para sobrevivir, al que, con su sesgo negativo, le cuesta generar más emociones, pensamientos, gestos y actitudes positivas que negativas. Por eso a los humanos nos cuesta crear y mantener relaciones óptimas.

Y hoy, precisamente esta mañana, mientras tomaba un café con mi amigo escritor, Andrés, he vuelto a pensar en todo esto. Él lleva más de treinta años casado con Cristina, su mujer. Siempre me han parecido una pareja encantadora, de esas que se entienden bien y se acompañan con cariño, pero, quizá porque los veo poco, nunca había pensado en ellos como una de esas parejas que dan envidia, de las que uno recuerda y que le hacen levantar la mano.

Le he preguntado qué tal le ha ido en Paraguay, donde ha estado hace poco dando una conferencia. Y entonces me ha contado, casi sin darle importancia, que Paraguay es el país donde su mujer fue a hacer su primer voluntariado, hace más de tres décadas.

Durante los dos días de su visita se dedicó a caminar por todas las calles que ella había recorrido entonces. Me ha dicho:

—Fui al colegio donde ella ayudaba a los niños, estuve hablando con la monja con la que colaboró, busqué la casa donde vivía, aunque ya no quedaba más que una fachada desconchada. Me senté en un banco donde ella solía parar a escribir cartas, y le iba mandando fotos y mensajes: «Mira, estoy en tu calle.

Estoy viendo lo que tú viste. Estoy pisando donde tú pisaste».

Me ha contado que incluso entró en una vieja librería donde Cristina recordaba haber comprado un cuaderno y, aunque ya no estaba el mismo, le compró uno parecido y se lo llevó de vuelta.

Y, en ese momento, me he quedado callada, conmovida. Y he pensado: «Pues tal vez sí que conozco a una de esas parejas maravillosas que todos quisiéramos tener». Aunque sea una. Puede que el amor se parezca más a eso: a alguien que camina en silencio por tus pasos antiguos, no para poseer tu historia, sino para comprenderla. Alguien que hace sitio en su presente para lo que un día fue importante para ti. Alguien que te acompaña sin invadir, sin imponerse. Alguien capaz de conectar, comprender y acompañarte en el camino de la vida.

Quizá amar no sea una historia perfecta ni una emoción desbordante. Quizá sea algo más sencillo: quedarse, cuidar, escuchar.

Ser refugio para alguien sin dejar de ser uno mismo.

Cuando aprendemos a amar de esta forma consciente, también entendemos que el amor no se limita a una sola persona o relación.

Amar es una habilidad que trasciende lo romántico. El amor no se agota en la pareja.

También existe un amor que se extiende hacia fuera, hacia los demás. Aprender a convivir, a sostenernos como comunidad, a tratarnos con más cuidado... Ese es quizá el próximo gran reto: un amor más amplio, más social. Un amor que entiende que todos formamos parte del mismo tejido, de la misma vida.

Me preocupa que mi gorrión no sepa encontrar a los suyos. Que cuando vuele, con su cola corta y sus plumas a medio hacer, no lo reconozcan como uno de ellos. Que no sepa acercarse, ni entender el lenguaje de la bandada.

Así que cada mañana, después de desayunar, le doy una clase de gorrión: le pongo en mi iPad sonidos de gorriones cantando. Los escucha muy quieto, ladea la cabeza. Como si algo dentro de él recordara. Como si estuviera afinando el oído para poder volver al mundo.

Y pienso que también nosotros necesitamos aprender —o recordar— cómo acercarnos a los demás sin miedo, cómo hablar el lenguaje del grupo. Porque formar parte de una comunidad no es solo un instinto y una necesidad: es también un aprendizaje. Y muchas veces se aprende jugando. Tejemos vínculos con lo espontáneo, lo imperfecto... y un poco de atrevimiento.

EL CLUB DE LOS GORRIONES

Anoche soñé que mi gorrión era libre. Lo vi salir por la ventana del baño y volar hasta posarse sobre la rama de una camelia en la plaza del pueblo.

Pero estaba solo.

—¡Allí! —le grito desde la ventana—. ¡Ve allí, con esos gorriones!

Posados sobre el tejado del kiosco de la plaza, hay una bandada de gorriones. Dicharacheros y llenos de vida, son un puñado de vidas vulnerables que se hacen fuertes juntas.

No me oye. Abro la boca pero no consigo articular palabra.

Mi pajarillo ha salido del nido, pero el mundo que se extiende ante él es amplio, ruidoso y desconocido. Mira nervioso a los gorriones ruidosos que pían, se persiguen... y desaparecen de repente como un solo pájaro.

Los gorriones viven en comunidades donde la colaboración es esencial: comparten información sobre dónde encontrar alimento, alertan a sus compañeros ante posibles peligros, construyen nidos juntos y cuidan y alimentan a sus crías en equipo.

En el mundo de los gorriones, la longitud de la cola, el brillo del plumaje o incluso la agilidad en el vuelo son mensajes silenciosos que hablan de salud, fortaleza y capacidad para prosperar en un entorno lleno de desafíos. En la danza de la selección natural, esos pequeños detalles pueden cambiar un destino.

Mi gorrión tiene la cola corta y deslucida. Si sobrevive, será gracias a la ayuda de los demás. Pero aún no sabe cómo formar parte de su club de gorriones.

Tantas criaturas, grandes y pequeñas, nos recuerdan que el éxito de la vida está en la capacidad de apoyarse y convivir en comunidad.

Tal vez por ello, cuando le preguntaron a la gran antropóloga Margaret Mead cuál era la primera señal de civilización en una cultura, no mencionó lo esperado, el fuego, alguna herramienta o el arte en las cuevas rupestres.

«La primera señal de civilización es un fémur roto... y curado», dijo.

En el reino animal, un hueso roto es una sentencia de muerte, porque el animal ya no puede cazar, huir ni sobrevivir por sí mismo. No puede llegar al río a beber agua. No puede alimentarse. No puede protegerse del frío y el calor. No puede escapar de los animales salvajes.

Pero un fémur que ha sanado es la prueba de que alguien se detuvo para ayudar y cuidar al otro. Solo así pudo sobrevivir.

«Cuidarnos unos a otros es el fundamento de una sociedad civilizada», decía Mead.

Lo pongo en práctica cada mañana, cuando paseo a mi perro Blai. Bajamos a la plaza con una misión sencilla: llevar comida a los pájaros. Al principio llevaba pan, y venían sobre todo palomas y gorriones. Pero un día descubrí que en los árboles que cobijan el monasterio de la plaza también viven mirlos. ¡Los adoro!... Cantan maravillosamente, pero no se dejan ver. Son desconfiados. Observan desde lejos.

Me fijé en que cuando añadía algo rico al pan cotidiano, como unas pasas, los mirlos bajaban a rebuscar en la hierba en cuanto me alejaba. Así que empecé a traerles semillas, avena, trocitos de fruta, restos de muesli, algunas nueces..., cualquier cosa que iba apartando para ellos durante la semana.

Y entonces ocurrió algo maravilloso: los mirlos empezaron a reconocerme. Estaban allí antes de que yo llegara, en las ramas. Si alguna mañana no traía nada, lo reclamaban con gritos secos.

Los demás desconfían de nosotros. Y no sin motivo. Pero si das una razón para confiar, los vínculos se tejen solos.

Hoy me ha pasado algo aún más hermoso. Dejé la comida de los pájaros en el rincón de siempre y me alejé sin hacer ruido. Pero esta vez, al rodear la plaza para regresar a casa, me volví discretamente. Y los vi: todos los pájaros, en una pequeña bandada improvisada. Palomas, gorriones y mirlos. Caminaban, saltaban y se deslizaban por el suelo como si escuchasen una melodía invisible. Me seguían, como si yo fuese una especie de flautista de Hamelín.

Mi ofrenda diaria ya no es solo alimento. Es presencia. Es vínculo. Una alianza discreta entre especies, una rutina tierna. Ellos saben que yo sé. Que estamos ahí, los unos para los otros, en esa coreografía breve y cotidiana.

La paz se ha vuelto hábito, y nuestro encuentro, una pequeña ofrenda de amor.

Cuidarnos es el primer paso, el imprescindible. Pero los demás no solo nos ayudan a sobrevivir. Las relaciones afectivas nos ayudan además a ser más felices, más saludables y más longevos. Tener la suerte de contar con quien te quiere —es decir, con quien te ve, te acepta y te ofrece consuelo y amparo— ayuda a lidiar con el sufrimiento de la vida y da fuerzas para seguir adelante.

Seguramente por ello, el amor de los demás es el mayor indicador de resiliencia que conocemos.

Me conmueve saber que no es solo importante el amor de las personas más íntimas. Lo que los psicólogos llaman «relaciones accidentales» también es benéfico: momentos breves y aparentemente casuales que intercambiamos con personas que ni siquiera conocemos. Un enfermero, un camarero o un completo desconocido con el que cruzas una sonrisa, un gesto de ayuda o una palabra de aliento puede cambiar el curso de un día o de una vida.

Es un superpoder que todos tenemos y que podemos regalar libremente a los demás, aunque generalmente, por timidez o pereza, lo usamos poco.

A pesar de lo importantes que son los demás para nosotros, vivimos en la paradoja de que vamos traspapelando amigos a medida que pasa la vida. Es lo que algunos llaman «el declive social»: con el paso del tiempo, tendemos a perder amistades y relaciones íntimas.

Claro que este fenómeno no es siempre un signo de aislamiento o desconexión. Puede ser un reflejo de cómo evolucionan nuestras prioridades y circunstancias. Las exigencias laborales, familiares y personales tienden a ocupar más espacio, y queda menos tiempo para las interacciones sociales.

Pero aunque el declive social empiece de forma sigilosa y con buenas intenciones, lo cierto es que con los años nuestra red social tiende a reducirse de forma significativa. Esta pérdida de conexiones suele tener un impacto emocional considerable: está relacionada con un aumento en los sentimientos de soledad y aislamiento y con problemas de salud mental, como la ansiedad y la depresión.

La pérdida de amigos puede generar una sensación de vacío y de desconexión. Estos son importantes por muchas razones. A lo largo de la vida, acumulamos experiencias y necesitamos alguien con quien compartirlas y reflexionar sobre ellas. Ese es también un papel esencial de la amistad: ser el espacio donde podemos dar sentido a lo vivido.

En la antigua Siria nacieron las primeras plañideras, mujeres contratadas para llorar y exteriorizar el dolor en los funerales. Se creía que si no expresabas tu sufrimiento, se quedaría dentro de ti, transformándose en un demonio que te devoraría por dentro. Al compartir nuestras penas, evitamos que se conviertan en cargas invisibles.

¿Cuánto cuesta hacer un amigo?

Durante la juventud, especialmente entre los diecisiete y los veintitrés años, las personas suelen dedicar más tiempo a socializar y a establecer amistades. Este período es propicio para formar vínculos porque cargamos con menos responsabilidades y tenemos una mayor apertura social. Sin embargo, se requieren alrededor de 90 horas compartidas para cultivar una amistad y aproximadamente 200 horas para considerarse amigos cercanos.

¡Es mucho...! Y a medida que pasa la vida, posiblemente no tengamos el tiempo, la paciencia ni las oportunidades para socializar de esta manera.

La forma de hacer amigos cuando somos muy jóvenes no nos vale para hacerlos en la mayor parte de una vida adulta.

Le venía dando vueltas a eso una noche en la que me estaba cambiando a toda prisa para ir a la fiesta de cumpleaños de una conocida. Acababa de llegar de un viaje de trabajo y estaba agotada. No tenía ganas de ir a una fiesta donde no conocía a la mayor parte de los asistentes, y donde además, lo reconozco, sentía que iba por obligación más que por simpatía hacia los anfitriones.

Me dejé caer en el sofá de casa y decidí relajarme un rato, aunque llegase tarde a la fiesta. Apenas me había sentado cuando entró en mi teléfono un video que compartía un amigo mío.

Normalmente me resisto a mirar los videos que me llegan sin ninguna indicación específica, pero este llevaba un encabezamiento que me llamó la atención. Era sobre cómo Jane Fonda hace amigos.

Suelo hacer caso a estos pequeños guiños del destino.

Este iba a cambiar mi vida a mejor.

Adoro a Jane Fonda, por su generoso activismo incansable y su constante curiosidad. En muchos aspectos, quisiera ser como ella y, sobre todo, quiero envejecer como ella.

Así que miré el video. En él, Jane Fonda estaba rodeada de unas amigas octogenarias, un grupo de actrices inspiradoras y divertidas. Comentaban, hablando todas a la vez, que cuando Jane quiere algo va a por ello. Por ejemplo, explicaban que, al mudarse a una nueva ciudad, ella siempre hace nuevos amigos.

La estrategia de Jane es directa: «Se pone muy pesada», decían sus amigas entre risas. Ella asentía. Sus ojos chisporroteaban. «Lo hago fácil. ¿Para qué complicarlo? Me acerco a la persona que me cae bien y le digo: "¿Quieres ser mi amigo?".»

Me encantó esa actitud abierta y sin miedo al rechazo. ¿Cuántos nos atreveríamos a hacer eso? Yo nunca me hubiese atrevido cuando tenía veinte o treinta años. Pero con la madurez adquirimos una mayor comprensión de nosotros mismos y de los demás, y eso mejora nuestra capacidad para establecer conexiones auténticas. Con suerte, tenemos un mayor autoconocimiento, mejor comunicación emocional, menos ansiedad social, una mayor disposición a ser vulnerables, y, si hay tensiones, somos mejores resolviendo conflictos.

Tiene sentido: la madurez emocional y la experiencia de vida no solo nos permiten hacer amigos más rápidamente, sino también hacerlos de una manera más profunda, consciente y plena.

Gracias a su determinación y a esta forma tan única de acercarse a las personas, como si fuese una niña, Jane Fonda dice que no hay edad para rodearse del círculo de amigos que considera, con razón, esenciales para su salud y su felicidad. A sus más de ochenta años, ella sigue haciendo amigos a voluntad.

Decidí de inmediato ir a la fiesta con la intención de poner en práctica la estrategia para hacer amigos de Jane Fonda.

¿Funcionaría?

Al entrar en la casa de mis anfitriones, observé un rato a los grupos que se habían formado en el salón de la casa. Al principio pensé que aquello no pintaba bien, pero luego recordé algo importante: los amigos no son siempre lo que esperamos. Llegan en todo tipo de envoltorios, circunstancias, edades y condiciones. ¡Fuera prejuicios! Lo importante es dar la oportunidad de sentir esa conexión y tener ganas de pasar tiempo con esa persona.

Respiré hondo y me lancé al ruedo.

En medio del bullicio de una fiesta, las dinámicas entre las personas son siempre las mismas. Los primeros intercambios son rápidos pero reveladores: una sonrisa que no llega a los ojos, un gesto de desinterés o una mirada que se desvía constantemente, como buscando algo mejor que tú. Esas señales siembran enseguida una sensación de desconexión, como una barrera que evita que prenda cualquier chispa de vida.

Me alejé también de las palabras apresuradas, de las respuestas cortas o de los egos que solo querían hablar de sus cosas. Pasé rápidamente de largo.

Fui recorriendo con paciencia el salón de la casa, pero, al cabo de una hora, empecé a tirar la toalla. Como mi gorrión, no encontraba mi club, no pertenecía a ninguno de estos grupos.

Y de repente, cuando ya me iba a batir en retirada, apareció alguien que cambió las cosas.

Era un tipo espigado, baqueteado por la vida y un poco de vuelta de todo. Nos miramos y conectamos.

De vez en cuando, te encuentras con personas a las que reconoces. Como dos barcos en el mar que llevan un banderín o una luz encendida con la que se hacen alguna señal de buena voluntad. Reconoces al otro en la noche y lo saludas a lo lejos. Tanto si esa persona se queda en tu vida o sigue de largo, reconoces esa chispa, y esa complicidad te hace sentir menos solo.

Por primera vez en la velada, me acomodé en el brazo del sofá para charlar con el tipo espigado. Nos hicimos preguntas que mostraban un interés sincero. Su risa era cálida. Intuí que allí sí podría crecer una amistad. Así que al cabo de un rato de conversación, le conté mi reciente descubrimiento del video de Jane Fonda y sus amigos.

Fue él quien se me quedó mirando con una sonrisa, y con un destello divertido en los ojos me preguntó:

—¿Quieres ser mi amiga?

Mauricio fue el primero de mis «amigos Jane Fonda». Desde aquel día, he tenido la suerte de seguir acumulando varios amigos más, personas diversas que atrapo al vuelo y no dejo escapar. Me regalan ideas nuevas, un rato de confidencias o unos días de aventuras. Gracias a uno de esos amigos recorrí Sri Lanka ese otoño.

Le debo a Jane Fonda el permiso para conectarme espontáneamente y con naturalidad con cualquiera con quien sienta ese reconocimiento, esa complicidad.

No se me había ocurrido que para disfrutar de lo que más alegría nos da en la vida basta con atreverse a preguntar.

Para una persona como yo, que se pasa la vida viajando y cruzándose con extraños a los que nunca vuelvo a ver, esta forma sencilla de hacer amigos ha sido un descubrimiento porque he dejado de desperdiciar cariño y amistad.

Los amigos Jane Fonda hacen que el futuro sea más interesante y más cálido, porque siempre hay alguien o algo por llegar.

¿Quieres ser mi amigo?

Para abrirnos al mundo, quizá lo único que necesitamos es hacer esa pregunta.

El verano avanza y animo a mi pequeño gorrión a practicar el vuelo. Pero más que pájaro, parece paracaidista: no vuela, ¡cae a pique! Se lanza desde su árbol de mentira —de una rama del perchero de Ikea a otra— y aterriza como puede: a veces contra el suelo, a veces contra la bañera... ¡Duele verlo!

Así que he bajado todos los cojines de la casa, todas las mantas que no se usan, y he acolchado el baño entero. Para que aprenda a volar sin hacerse daño. Para que descubra la libertad sin que le duela más de lo necesario.

Eso merecemos todos: no solo sobrevivir, sino aprender desde la alegría. Merecemos cuidados, compañía y la oportunidad de ser libres sin rompernos.

VUELVE A LA NATURALEZA

> Entra en la paz de los seres salvajes,
> que no lastran sus vidas con el miedo al futuro.
> Entra en la presencia del agua quieta.
> Siente sobre ti las estrellas, ciegas al día,
> esperando con su luz.
> Por un momento,
> descansa en la belleza del mundo... y sé libre.
>
> Adaptación del poema *The Peace of Wild Things*,
> de Wendell Berry

Amanece en un arrozal en Sri Lanka. Los rayos oblicuos del sol me ciegan, pero tengo la retina llena de las imágenes de ayer.

Ascendía unas amplias escaleras de piedra que serpentean montaña arriba para ir a un monasterio. El sol pegaba fuerte. Me senté en una esquina de un escalón para retomar aliento. No había nadie.

Bajó en sentido contrario un monje budista, grande y fuerte, de piel oscura y reluciente, cubierto por una túnica naranja que ceñía estrechamente su cuerpo desnudo. Tenía un cesto en una mano, en el que iba recolectando hierbas variadas del suelo y de las macetas que bordeaban la escalinata. Se detuvo cerca de mí y siguió llenando su cesto.

Al cabo de un rato, se adentró en la ladera y llamó:

—¡Tutsi! ¡Tutsi!

Miraba hacia el bosque mientras seguía cosechando.

Súbitamente apareció un cervatillo que parecía salido de un cuento de hadas. ¡Era tan hermoso que contuve la respiración y me quedé mirando!

—¡Tutsi! —repitió el monje, sonriendo y llamándolo con voz grave.

El cervatillo se acercó sin miedo. Él se inclinó hacia el animal y le habló despacio y en voz baja mientras le acariciaba el lomo. El cervatillo alzaba la cabeza y lo miraba con absoluta confianza.

La imagen era muy bella y duró tiempo.

Entonces el monje inclinó la cabeza hasta tocar con su frente la del cervatillo. Así se quedaron, unidos, largo rato.

Después le besó cuidadosamente la cabeza.

Recogió la cesta, se enderezó y juntos, el enorme monje y el pequeño cervatillo, se alejaron escaleras arriba, de vuelta hacia el monasterio.

Me quedé quieta, bajo el hechizo de este intercambio tan inesperado y luminoso.

En Occidente, escenas como esta existirían sobre todo en la ficción.

En la tradición budista de Sri Lanka, los monjes, guiados por el principio de *ahimsa*, la no violencia y el respeto por todas las formas de vida, aspiran a vivir en armonía con los animales.

Las enseñanzas del Buda nos recuerdan que todos los seres vivos compartimos una profunda interconexión, y esta idea se refleja en los monasterios, que se asientan en los bosques y colinas donde monjes y fauna conviven. Es habitual que los monjes cuiden de animales heridos o huérfanos, como aves, perros, monos o ciervos. Es un acto que expresa su compasión y fortalece su capacidad para la paciencia y el amor desinteresado.

Cuidar y nombrar a un cervatillo es una expresión de la creencia budista en que todos los seres, por pequeños o diferentes que sean, merecen atención.

¿Cuándo perdimos los humanos la capacidad de amar así al resto del planeta?

Existen demasiados ejemplos de lo contrario. Uno de ellos es particularmente llamativo: un episodio histórico que se basa en el deseo ideológico explícito y deliberado de enfrentar al humano con la naturaleza. Refleja hasta qué punto amar y convivir, o bien odiar y destruir, es una elección.

En 1958, Mao Zedong, al frente de la República Popular China, declaró una «guerra contra la naturaleza», convencido de que, para transformar la sociedad agrícola china en una potencia industrializada, era necesario someter al mundo natural.

Su idea de progreso no contemplaba nuestra interdependencia con el entorno. En su mente, el ser humano debía dominar y someter a todas las fuerzas del mundo.

Los gorriones fueron una de sus primeras víctimas. Su «crimen capitalista» era comerse el arroz.

Ordenaron a los ciudadanos que mataran a los gorriones a pedradas y golpes de sartén, que destruyeran los nidos y acosaran a las aves hasta su agotamiento. Niños y adultos perseguían cruelmente a los gorriones. Millones de ellos fueron aniquilados.

Nadie anticipó las consecuencias: los gorriones no solo se alimentaban de semillas, sino también de plagas como las langostas. En menos de un año, las plagas invadieron los cultivos, desatando una hambruna que causó millones de muertes.

La crisis fue tan grave que China tuvo que importar miles de gorriones de la Unión Soviética para intentar restablecer el equilibrio.

Los estudiosos de esa etapa histórica aluden no solo a daños económicos y sociales, sino también a daños morales y psicológicos: daños «al alma de la nación».

Porque, como decía Gandhi, nos definimos moralmente en función de cómo tratamos a las demás especies. La crueldad no puede contenerse: contagia la vida entera.

Los humanos, aunque lo estamos olvidando desde hace unas décadas, pertenecemos al orden natural que nos da vida y nos sostiene.

Físicamente, estamos hechos del polvo de las estrellas.

Esto, además de ser poético, es una realidad física: hay apenas un puñado de componentes que conforman a todos los seres vivos de la Tierra —oxígeno, carbono, nitrógeno, fósforo y azufre— y juntos constituyen casi el 98 por ciento de nuestro cuerpo humano.

El carbono, en particular, es fundamental para la vida tal y como la conocemos. Se forma dentro de las estrellas y se dispersa en el universo cuando estas mueren. Nuestros átomos, como los de todo lo que existe, son los restos de estrellas antiguas. Los átomos de carbono que hoy nos forman tienen un origen cósmico. Por eso decía el gran cosmólogo Carl Sagan que los humanos somos «polvo de estrellas reflexionando sobre estrellas».

Esta interdependencia entre los procesos estelares y la vida en la Tierra subraya la profunda conexión que une la vida, en todas sus diversas y asombrosas expresiones.

El cosmos, decía Carl Sagan, no solo está allá afuera; también está dentro de nosotros.

Carl Jung, uno de los grandes sabios de Occidente, sentía esta conexión profunda. En sus *Memorias*, escribe:

Hay tantas cosas que me llenan: las plantas, los animales, las nubes, el día, la noche y el eterno presente en los hombres. Cuanto más inseguro me siento sobre mí mismo, más crece en mí el sentimiento de mi parentesco con todo.

Y añade:

Es importante proyectarnos en las cosas que nos rodean. Mi yo no está confinado a mi cuerpo. Se extiende a todas las cosas que hice y a todas las cosas a mi alrededor... Todo lo que me rodea es parte de mí... Estoy profundamente comprometido con la idea de que la existencia humana debe estar enraizada en la Tierra.

El drama del ser humano actual, advertía Jung, es haber perdido este sentimiento de pertenencia: vive desconectado, aislado, empobrecido.

Contemplo el arrozal que rodea el hostal donde hemos dormido esta noche.

Durante siglos, en Occidente hemos adoptado una visión mecanicista del mundo, una herencia de los errores filosóficos y científicos popularizados por el filósofo francés René Descartes.

Esta visión nos llevó a ver la naturaleza como un conjunto de recursos para ser explotados, en lugar de como un sistema interconectado y consciente. Tratamos al planeta y a otras especies como si fueran meros objetos, despojados de valor propio.

Esta desconexión es una característica creciente de las sociedades modernas. La vida urbana, en particular, nos aleja de la presencia directa de la naturaleza y nos sumerge en entornos artificiales que estresan nuestra mente y nos aíslan.

Sin embargo, el ritmo de la naturaleza es también el ritmo de nuestra salud mental. A cada paso, puede enseñarnos algo con su simple presencia.

Este amanecer, paseando entre los arrozales, he visto un espectacular jacarandá en flor. El violeta de sus ramas destacaba contra el cielo claro. El suelo parecía alfombrado de luz. Mi primer impulso fue sacar el teléfono para fotografiarlo, pero no lo hice. Preferí quedarme quieta, mirarlo un momento más largo, más presente.

«Qué pena que sea efímero», me dije.

Luego pensé: «No lo pierdes. El año que viene volverá».

No será igual, pero volverá.

Siempre tememos perder lo que amamos: a las personas que queremos, nuestras ilusiones, a los hijos cuando crecen, el tiempo cuando sentimos que pasa demasiado rápido...

Nos aferramos porque, en el fondo, sabemos que todo es pasajero, y eso duele.

Pero la naturaleza, una y otra vez, nos enseña a mirar esa fugacidad con otros ojos.

La naturaleza no conserva: transforma.

Nos recuerda que todo cambia, pero que casi nada se pierde. Lo que amamos deja huella, se transforma y vuelve de otras formas.

Aprender a vivir con esa idea no es resignarse, es acompañar la vida como es: rítmica, cíclica, sabia.

Saber soltar, saber dejar ir, para poder volver a empezar.

Uno de los privilegios de mi vida es poder conocer a personas muy diferentes. Algunas hacen algo que me fascina: viven de forma coherente, sin ceder a la comodidad cotidiana que nos neutraliza y adormece a tantos humanos.

El otro día, tomando un café con el admirable e incansable jesuita Fernando López Pérez —miembro de un equipo itinerante que visita algunas de las tribus que aún viven en el corazón del Amazonas—, hablamos sobre lo que significa habitar esta Tierra.

La codicia y la ideología del progreso ilimitado han alterado nuestra relación con el entorno, despojándonos de lo que muchas culturas, a lo largo de la historia, consideraron esencial para una vida plena y equilibrada.

Son culturas que ven la naturaleza no solo como un recurso, sino como un ente con inteligencia propia, esencial para nuestro bienestar. Aunque su supervivencia es difícil ahora mismo, estas comunidades atesoran formas de vida donde la tierra y los seres naturales no son objetos de explotación, sino compañeros en un ciclo de vida interconectado.

Son nuestra memoria viviente, un lugar al que podemos regresar para recordar que podemos volver a la naturaleza.

Fernando me hablaba de la sorpresa con la que estas comunidades miran al resto del mundo. Viven rodeadas de intereses agresivos que llegan solo para explotar, y se preguntan:

¿Por qué los humanos mercantilizáis todo lo que tocáis?

Hoy vivimos bajo una lógica invertida: hemos puesto en el centro la economía —una economía que mide la vida en términos de rendimiento—, y al servicio de esa economía dedicamos la política, que se convierte en su fiel sirviente.

En último lugar, y siempre sacrificada, dejamos la ecología, que no es otra cosa que el arte de convivir. El arte de sostener la vida en común, de ser distintos sin dañarnos, de comprender que todo lo que hacemos al entorno, tarde o temprano, vuelve a nosotros.*

Cruzan el arrozal aves grandes y pequeñas: garzas reales con sus movimientos gráciles, ibis de plumas oscuras, martines pescadores que brillan al sol y bulbules que saltan de rama en rama. Algunas son gritonas, como los abejarucos verdes con sus chillidos agudos, mientras que otras se mantienen en un silencio casi contemplativo.

Los pájaros se detienen un instante en busca de semillas entre el lodo, insectos que emergen al amanecer o peces diminutos que nadan en los surcos anegados. Pertenecen perfectamente a este entorno que los nutre y protege. También ellos nutren y protegen el arrozal.

* Me viene a la memoria el magnífico mito griego de la *hybris*: el exceso, la desmesura, el olvido de los límites naturales. Cuando los humanos se dejaban arrastrar por ella, la diosa Némesis restablecía el equilibrio. No era un castigo, sino un retorno inevitable al orden justo de la vida. Hoy la propia vida sigue actuando como nuestra Némesis: lo que rompemos, acaba rompiéndonos.

Aquí hay espacio para todos. Cada ser encuentra su lugar, su hueco, su refugio.

Pero este equilibrio en el que vivimos es a la vez fuerte y frágil. Los arrozales, con su delicada red de interdependencias, enfrentan amenazas que se cuelan como sombras entre los surcos.

Lluvias impredecibles y sequías prolongadas alteran los ciclos del agua que sostienen esta vida.

Los pesticidas que protegen las cosechas envenenan lentamente el lodo donde las aves encuentran su alimento.

La urbanización y la expansión de tierras cultivables devoran los humedales que bordean los arrozales, dejando menos espacio para la biodiversidad.

Incluso las luces y los ruidos de la modernidad ahuyentan a las especies que dependen del silencio y la oscuridad para sobrevivir.

Y luego está la mano humana, capaz de crear tanta belleza... y también tanta destrucción.

Con cada elección que hacemos —las tecnologías que usamos, los paisajes que moldeamos— podemos inclinar este delicado equilibrio hacia la vida o hacia la pérdida.

El concierto de la vida podría silenciarse si olvidamos que no somos sus dueños. Somos parte de este ciclo: dependemos, como las aves, del barro, del agua, del arroz y del aire que compartimos.

En el mundo occidental, desde que nacemos, nos entrenamos, casi sin darnos cuenta, para insensibilizarnos ante el sufrimiento de las especies no humanas. Se nos enseña a mirar hacia otro lado cuando vemos el dolor de los animales, como si no formaran parte de nuestro mismo tejido vital.

Como nosotros, todas las formas de vida necesitan cobijo, comida y cariño.

Es curioso cómo justificamos esta indiferencia a través de conceptos como el antropomorfismo —que parte de la suposición implícita de que lo que consideramos cualidades humanas no pueden existir en otros seres no humanos—, una noción que, en realidad, descalifica cualquier intento de reconocer las emociones y el sufrimiento en las demás especies.

Al hacerlo, negamos de forma interesada su capacidad de sentir y su derecho a la vida.

Uno de las mantras recogidos en los textos sagrados védicos de la India dice: «Que todos los seres de la Tierra sean libres y felices».

Todos los seres.

Me emociona este mantra, que devuelve a cada uno, sin excepciones, el permiso de ser felices y ser libres.

Nos invita a modelar nuestros pensamientos, palabras y acciones para contribuir a esa felicidad y libertad compartidas.

No somos lo que decimos.

Somos lo que hacemos.

Cierro los ojos y me caliento al sol.

Me envuelve una pequeña cacofonía de gritos, cantos, ruegos... Es un concierto de vida y muerte que eternamente vuelve a empezar.

Parece una metáfora perfecta para la vida en nuestro planeta.

Aquí, todo se relaciona. Y en esta danza de unidad y diversidad, la naturaleza nos recuerda algo esencial: vivir es aprender a relacionarnos.

Fernando hablaba de tres conceptos esenciales que podrían servirnos como brújula para entender nuestra vida en la Tierra: unidad, diversidad y relación.

Primero está la unidad: todos pertenecemos a un mismo sistema vivo.

Después, la diversidad: esa inmensa riqueza de formas, culturas, especies y maneras de ser que surgen y conviven en la unidad, y que sustentan la propia vida.

Y, por último, la relación, es decir, cómo nos vinculamos con todo lo que nos rodea.

Es el único elemento que podemos elegir y modelar cada día.

No elegimos la unidad.

No elegimos la diversidad.

Solo elegimos cómo relacionarnos los unos con los otros.

Aprender a relacionarnos. Saber cómo vivir juntos en esta casa común.

¿Cómo elegimos hoy relacionarnos con la vida?

Es un reto apasionante al que, como individuos y como colectivo, estamos empezando a despertar.

Durante siglos, los humanos hemos definido nuestra existencia en función de lo que hacíamos, de lo que producíamos, de lo que lográbamos.

Pero ahora, en la era de la inteligencia artificial, ese modelo se desmorona.

Ya no somos el centro del mundo, ni la especie más productiva, ni la más inteligente.

¿Qué es ser humanos?

¿Qué lugar nos queda?

Ser humanos no es solo pensar.

Es estar vivos y sentir.

Y precisamente porque sentimos podemos elegir cómo relacionarnos, convivir y cuidarnos.

Ahí está el corazón del dilema humano: aprender a ser brújula.

Cultivar una renovada inteligencia ética para poder elegir, con conciencia, cómo queremos estar en el mundo.

Cuidar y discernir no es difícil.

Pero es tentador mirar hacia otro lado.

La lucha humana más difícil es contra la codicia, la desesperanza y el cinismo.

Ser humanos es elegir cada día entre el amor y el miedo.

Este cambio de perspectiva no es solo ecológico, es también moral: al aprender a escuchar y colaborar con la sabiduría inherente a la naturaleza, nos reconectamos con los valores de cuidado, respeto y equilibrio que son esenciales para el bienestar de todos.

El futuro de nuestra especie depende de reconocer que no estamos por encima de la naturaleza, sino profundamente integrados en ella.

No venimos a conquistarla, sino a aprender cómo se habita.

En palabras del psicólogo Robert Romanyshyn, necesitamos vernos desde la perspectiva de la estrella, del átomo, del animal y de la piedra, de la planta y del ángel.

Necesitamos reconocer, con asombro y humildad, estas otras frecuencias de conciencia.

Y volver a sentirnos parte de esos extraordinarios sistemas de vida entrelazados que nos sostienen, aunque apenas los comprendamos.

No entendemos del todo cómo miles de estorninos giran al unísono en el cielo sin chocar entre ellos.

Ni cómo las mariposas monarca recorren miles de kilómetros hasta un lugar en el que nunca han estado.

No comprendemos cómo ciertas semillas esperan años bajo tierra a que llegue justo la lluvia adecuada para brotar.

Ni cómo un bosque comunica señales de alarma entre árboles a través de sus raíces.

No sabemos cómo el canto de una ballena puede viajar cientos de kilómetros bajo el agua.

Ni cómo un petirrojo encuentra su nido después de atravesar océanos.

Tampoco comprendemos, en realidad, por qué un simple paseo por el bosque puede calmar nuestro corazón.

Y, aun así, todo eso sucede.

Como si la naturaleza nos devolviera el reflejo de lo que somos y de lo que necesitamos de verdad.

EPÍLOGO

Es septiembre y tengo que retomar trabajo y viajes, pero el gorrión aún necesita mudar todas las plumas antes de poder volar. Necesita más tiempo y cuidados.

Mi hija Alex ha ido a por el coche de la abuela, y juntas, con el gorrión, hemos ido al centro de recuperación de animales silvestres.

Como siempre he querido que sea libre, mi gorrión no tiene nombre. Pero ahora tiene número de admisión: 63420.

En recepción me dicen que ellos se harán cargo de todo.

Sé que tiene una nueva oportunidad, pero no puedo evitarlo, las lágrimas me corren por la cara. Tengo un nudo como un puño en la garganta.

El chico me mira con cariño.

—Ven conmigo.

Me lleva a una volandera enorme, ¡llena de gorriones!

El gorrión ha encontrado al fin su club. Ya no estará solo.

Abre una trampilla a ras de suelo y me dice:

—Cuando quieras, puedes soltarlo. Te prometo que lo vamos a cuidar por ti.

Me arrodillo y saco al gorrión de su cajita.

—Adiós —le digo.

No quiero soltarlo, pero lo suelto. Es como retirar el soporte que me ha ayudado a mantenerme a flote, a volver a la vida, a volver a empezar.

—Gracias —le susurro—. Sé libre.

Se va dando saltitos a toda prisa, como hace siempre.

Pronto podrá usar sus alas.

Alas para volar.

AGRADECIMIENTOS

Después del verano en Galicia, el gorrión pasó una larga temporada en el Centro de Recuperación de Animales Silvestres (CRAS) en Madrid.

Quisiera agradecer a todo el equipo veterinario, y en particular a Silvia Villaverde Morcillo y a Rubén García Sánchez, la maravillosa labor que llevan a cabo con tanto talento, dedicación y cariño.

El gorrión recuperó su libertad gracias a la compasión y los cuidados de personas que saben que no hay vidas pequeñas o prescindibles. Este mensaje es más necesario que nunca en los tiempos que vivimos.

Durante el viaje a Sri Lanka, tuve la suerte de compartir aventuras con un grupo de personas muy especial. Gracias de corazón al escritor y «amigo Jane Fonda» Vicent Gascó, que me invitó a unirme a este grupo, y a todas ellas y ellos por su cálida acogida.

En Sri Lanka nos sumergimos en una biodiversidad y exuberancia vegetal y animal —¡incluyendo cocodrilos y sanguijuelas!— que estamos empezando a olvidar en Europa. Esa indiferencia es más peligrosa que un enfrentamiento declarado, porque nos distraemos y olvidamos luchar por la salud y biodiversidad de nuestros ecosistemas.

Durante ese viaje consolidé la idea de crear la Fundación Punset Terraviva (www.terraviva.eco), cuya misión es potenciar el bienestar humano a través de la naturaleza y la biodiversidad. Hemos iniciado proyectos diversos y apasionantes, y ya trabajamos en la creación de nuestros primeros jardines terapéuticos en Madrid y en Tenerife.

Gracias a mi admirado amigo el escritor y conferenciante Andrés Pascual por regalarme una lectura generosa y certera del manuscrito. Ha sabido acompañarme con lucidez, señalar lo esencial y darme claves para que el texto pudiera fluir.

Gracias al fotógrafo y amigo Álex Río por compartir conmigo dos días y tres noches de caza poética en busca de la imagen perfecta. Álex ayuda a ver lo que el ojo desnudo no alcanza: la belleza fugaz del gorrión en pleno vuelo, sus acrobacias silenciosas, su vida en movimiento. Con su cámara, lo invisible se vuelve visible.

Las fotografías que enmarcan este libro existen gracias a su tenacidad y talento, y también a la sabiduría de Enrique, un vecino que baja cada día a la plaza y que mantiene una relación única con los gorriones.

Gracias también a todo el equipo de la editorial Destino, de Planeta, por esperar con paciencia este manuscrito. Me han dado el espacio y la tranquilidad que necesitaba para sentirlo y terminarlo, y han sido perfectos compañeros de viaje.